161 Spezialitäten aus der tschechischen und mährischen Küche

Tschechische Küche

Hana
Gajdoštíková

Daniel Verlag
Prag 1992

ISBN 80-900128-1-7

INHALT

SUPPEN

SAUCEN

KALTE KÜCHE

VORWORT

Die Idee, dieses Kochbuch zu schreiben, entstand an einem gemütlichen Abend in meiner Küche in Frankfurt am Main. Ein alter Freund aus Prag, Buchhändler und Verleger, hatte uns mit seinem Besuch beglückt. Wie das immer bei solchen lieben Anläßen üblich ist, wurde gegessen, getrunken und über alles mögliches gesprochen.

Ich habe mir große Mühe gegeben, zur Freude aller ist mir mein Kerzenbraten an diesem Abend ausgesprochen gut gelungen.

Unser Besucher wußte, daß Kochen und Rezeptesammeln mein Hobby ist und plötzlich wurde laut ausgesprochen: „Du könntest doch ein tschechisches Kochbuch schreiben!" Im ersten Moment mußte ich loslachen. Ich – und ein Kochbuch schreiben! Aber später, nach langem Überlegen, habe ich mich doch dazu entschlossen.

Diese Idee hat mich vom Anfang an gereizt. Rezepte waren vorhanden – eine ganze Menge von handgeschriebenen Zetteln und Ausschnitten, weil ich nicht nur gerne koche, sondern auch esse. Immer, wenn mir meine Freundinnen oder jemand aus der Familie was Tolles vorgesetzt hat, war ich mit Kuli und Papier zur Stelle. Dieses Buch soll kein traditonelles Kochbuch sein, sondern eine Sammlung der schmackhaftesten Gerichte, die tschechische Hausfrauen, und das nicht nur in der Tschechoslowakei, zubereiten.

Ich kann aus eigener Erfahrung sagen, daß ich erst in Deutschland angefangen habe, echt tschechisch zu kochen.

Zugegeben, die tschechische Küche ist nicht gerade ideal für die schlanke Linie. Aber es muß ja nicht immer „böhmisch" sein!

Sie, liebe Hobbyköche, sollen diesen Kochbuch–Versuch als nicht alltägliche Abwechslung betrachten.

Nach zwölf Jahren Deutschland weiß ich, daß man auch hier zu Lande deftiges Essen mag, warum also nicht ab und zu was Neues probieren?

Ich wünsche Ihnen beim Kochen viel Spaß und guten Appetit!

Geflügelcremesuppe (Kaldoun)

Hühner–, Enten– oder Gänseklein (500 g), Suppengrün, 1 Zwiebel, 50 g Butter, 60 g Mehl, ganzer Pfeffer, Muskat, Salz, 1 Würfel Maggi Fleischsuppe, gehackte Petersilie

Das Fleisch im Salzwasser zum Kochen bringen. Suppengrün, Zwiebel und Pfeffer zufügen. Bei mittlerer Hitze gar kochen. Brühe durchsieben, das Fleisch von den Knochen lösen und kleinschneiden. Mehlschwitze zubereiten. Die Suppe mit Mehlschwitze binden, Fleisch zufügen, 15 Minuten köcheln lassen. Mit 1 Würfel Maggi und Muskat würzen. Vor dem Servieren mit Petersilie bestreuen. Als Einlage schmecken Semmelbröselklößchen.

Semmelbröselklößchen

1 TL Butter, 1 Ei, 3 EL Semmelbrösel, 3 EL Milch, Salz, Muskat, gehackte Petersilie

Das Ei mit Butter verrühren. Semmelbrösel mit der Milch übergießen. Das Butter–Eigemisch salzen, Semmelbrösel untermischen, mit Muskat und Petersilie würzen.
Kleine Klößchen formen, etwa 5 Minuten kochen.

Fischsuppe (Tschechische Weihnachtssuppe)

Kopf und Innereien von 1 Karpfen, 2–3 Portionen Karpfenfleisch, Suppengrün, 2 Zwiebeln, 50 g Butter, 60 g Mehl, Salz, Pfeffer, Muskat, Petersilie Kleingeschnittenes Suppengrün, 1 Zwiebel und Innereien ohne Darm in Butter leicht anbraten.

Karpfenkopf und –fleisch mit 1 Zwiebel im Salzwasser gar kochen. Brühe durchsieben, zu dem angebratenen Suppengrün gießen, mit Mehlschwitze binden, 30 Minuten köcheln lassen.
Das grätenfreie Fischfleisch zufügen, abschmecken, mit Petersilie bestreuen.
Als Einlage reichen wir in Butter geröstete Weißbrotwürfel.

Kuttelflecksuppe

1 1/2 kg frische Kutteln, Suppengrün, 2 Zwiebeln, 80 g Butter, 100 g Mehl, Salz, 2 Würfel Maggi Fleischsuppe, Majoran, Knoblauch, Pfeffer, scharfer und süßer Paprika, 1 TL Schmalz, gehackte Petersilie

Die Kutteln gründlich säubern. 30 Minuten abkochen, das Wasser abgießen. Neues Salzwasser zugießen, 1 Zwiebel zufügen, mindestens 3 Stunden gar kochen. 30 Minuten vor Garende Suppengrün zugeben. Brühe durchsieben, Kutteln in schmale Streifen schneiden. Suppe mit Zwiebelmehlschwitze binden, Kutteln hineinlegen, mit 2 Würfeln Maggi abschmecken, 20 Minuten köcheln lassen. Mit Pfeffer, Majoran, Knoblauch und in 1 TL Schmalz gelöstem Paprikapulver würzen. Mit Petersilie bestreuen.

Kartoffelsuppe

3 große Kartoffeln, 1 1/2 l Wasser, Suppengrün, 1 Zwiebel, frische oder getrocknete Pilze (getrocknete Pilze 1 Stunde im Wasser einweichen), 60 g Butter, 80 g Mehl, Salz, Majoran, Kümmel, Knoblauch, gehackte Petersilie

Kleingeschnittenes Suppengrün, Zwiebel und Pilze in Butter dünsten, mit Mehl anschwitzen, ein Teil des Wassers zugießen und gründlich verrühren.
Restliches Wasser zugießen, die in Würfel geschnittene Kartoffeln und Kümmel zugeben, salzen und garkochen.
Die fertige Suppe mit Majoran und zerdrücktem Knoblauch würzen, mit Petersilie bestreuen.

Pilzsuppe mit Kalbsbries

400 g Suppenfleisch, Suppengrün, 250 g Kalbsbries, Salz, 1 Würfel Maggi Fleischsuppe, 1 Zwiebel, 30 g Butter, 250 g gemischte frische Pilze, Petersilie

Das Suppenfleisch mit Suppengrün im 1 1/2 l Salzwasser gar kochen. Inzwischen das Kalbsbries abspülen, 2–3 Minuten in kochendes Salzwasser legen, herausnehmen und die Häutchen abziehen. Das Bries die letzten 20 Minuten zum Rindfleisch geben.

Während dieser Zeit die Zwiebel fein hacken, in der Butter goldgelb dünsten, zerkleinerte Pilze zusetzen und gut durchschmoren. Die feingehackte Petersilie kurz mit andünsten.
Das Bries aus der Suppe nehmen, in Würfel schneiden. Die Suppe durchsieben, die Pilz–Zwiebel–Mischung mit 3/4 l der Brühe begießen, weiter kochen lassen, nachwürzen. Die Brieswürfel kurz vor dem Servieren in der Suppe heiß werden lassen.
Das gekochte Rindfleisch wird anderweitig verwendet.

Rindfleischsuppe mit Leberklößchen

400 g Suppenfleisch, 1 1/2 l Wasser, Suppengrün, Liebstöckl, Salz, Pfeffer, gehackte Petersilie

Das Fleisch mit Suppengrün und Liebstöckl im Salzwasser gar kochen. Das Fleisch herausnehmen, kleinschneiden, Brühe durchsieben, die Fleischscheiben und Leberklößchen reinlegen und 5 Minuten köcheln. Mit Petersilie bestreuen.

Rindfleischsuppe mit Leberklößchen

Leberklößchen

100 g geschabte Leber, 1 Ei, 1 TL Butter, 3 EL Fleischbrühe, 3 EL Semmelbrösel, Salz, Pfeffer, 1 zerdrückte Knoblauchzehe

Ei mit weicher Butter verrühren, Semmelbrösel mit der Fleischbrühe übergießen. Das Butter–Eigemisch salzen, mit Pfeffer und Knoblauch würzen, Leber und Semmelbrösel untermischen.
Die Masse einige Minuten ruhen lassen, dann kleine Klößchen formen und in der Suppe 5 Minuten kochen.

Sauerkrautsuppe

200 g Sauerkraut, 1 1/4 l Wasser, 2 Kartoffeln, 2 EL Mehl, 1 Zwiebel, 40 g Speck, 100 g Kabanosi, Salz, Kümmel, süßer Paprika, 4 EL Creme fraiche

Kleingeschnittenen Speck im Topf zerlassen. In den Speckgrieben in Scheiben geschnittene Kabanosi und die feingeschnittene Zwiebel goldgelb anbraten, mit Mehl anschwitzen. Kleingeschnittenes Sauerkraut, in Würfel geschnittene Kartoffeln und Kümmel kurz mit andünsten, salzen, gar köcheln. In die fertige Suppe Creme fraiche zufügen.

Kartoffelsuppe mit Fleischklößchen

1 EL Öl, 1 EL Zwiebelwürfel, 1 gehackte Knoblauchzehe, 1/2 l Wasser, 1 TL Salz, 1 1/4 kg kleingeschnittene Kartoffeln, 2 EL Öl, 100 g Räucherspeck, 1 Bund Suppengrün, 300 g rote und grüne Paprikaschoten, 1 1/2 l Fleischbrühe

Für die Fleischklößchen: 200 g gemischtes Hackfleisch, 30 g Semmelbrösel, 1 geriebene Zwiebel, 1 Ei, 1 EL geriebener Käse, Salz, Pfeffer, Paprikapulver

Zum Bestreuen: 2 gewürfelte Brötchen, 2 EL Schnittlauch, etwas Butter, 1 zerdrückte Knoblauchzehe

Die Zwiebelwürfel und Knoblauch im Öl andünsten, Wasser, Salz und Kartoffeln zum Garen beigeben. Danach die Kartoffeln pürieren und mit der Brühe aufgießen.

Speck würfeln und im Öl in einer Pfanne anbraten. Suppengrün und kleingeschnittene Paprikaschote beifügen, 10 Minuten dünsten und zur Suppe geben.
Aus den angegeben Zutaten einen herzhaften Hackfleischteig mischen, Klößchen formen und in der Suppe garen.
Die gewürfelte Brötchen im Knoblauchfett goldgelb rösten.
Vor dem Servieren Schnittlauch und die Brötchenwürfel über die Suppe streuen.

Knoblauchsuppe

1 l Wasser, Salz, 40 g Schmalz, 4 Knoblauchzehen, Pfeffer, Majoran, Kümmel, Schnittlauch, 2 Bauernbrotscheiben

In das Salzwasser Schmalz, Kümmel und zerdrückten Knoblauch geben und alles aufkochen. Mit Pfeffer und Majoran abschmecken. In die Teller geröstetes Brot geben, die Suppe darübergießen. Mit Schnittlauch bestreuen.

Knoblauchsuppe

Bouillon mit Speckklößchen

3 Zwiebeln, 1 Bund Suppengemüse, 1 EL Öl, 500 g Suppenknochen, Salz, 100 ml Milch, 1 Ei, 2 altbackene Brötchen, 50 g Räucherspeck, gehackte Petersilie, 20 g Mehl, Pfeffer, Worcestersauce

Zwei Zwiebeln grob würfeln, Suppengemüse kleinschneiden. Öl erhitzen, Gemüse und Zwiebelwürfel darin andünsten. Suppenknochen und 1 l Wasser zugeben, salzen, etwa 45 Minuten kochen.
Milch und Ei verquirlen, salzen. Brötchen fein würfeln und mit der Milchmischung übergießen.
Die übrige Zwiebel fein hacken. Den Speck kleinschneiden. Zusammen in einer Pfanne glasig dünsten, zu den Brötchen geben. Petersilie untermengen. Den Teig gut verkneten, 30 Minuten ruhen lassen. Dann das Mehl einarbeiten. Kleine Klößchen daraus formen und in kochendem Salzwasser 10 Minuten köcheln. Bouillon durchsieben, mit Pfeffer und Worcestersauce abschmecken und Klößchen einlegen.

Lauchsuppe

150 g Lauch, 1 l Brühe, 40 g Butter, 60 g Mehl, 1/8 l Milch, 1 Eigelb, Muskat, gehackte Petersilie

In Scheiben geschnittenes Lauch kurz in Butter dünsten, mit Mehl anschwitzen, die Brühe zugießen. Gut verrühren, 20 Minuten köcheln lassen. In die fertige Suppe Milch mit verquirltem Eigelb gießen, mit Muskat und Petersilie würzen.

Tschechische Zwiebelsuppe I.

2 Scheiben Brot, 1 Stange Porree, 2–3 Zwiebeln, 50 g Fett, 400 g Rindfleisch, Salz, Pfeffer, 1 Ei, 2 l Wasser

Brot in Würfel schneiden, auf dem erhitzten Fett anrösten. Rindfleisch würfeln, mit Salz und Pfeffer im Wasser kochen. Während das Fleisch kocht, Zwiebeln und Porree in dünne Ringe schneiden. Kurz vor Ende der Kochzeit, wenn das Fleisch weich ist, Zwiebel und Porree zugeben, kurz durchkochen.

Tschechische Zwiebelsuppe

Die Suppe vom Herd nehmen, das Ei hineinschlagen und mit einer Gabel verquirlen.
Auf Teller servieren, obenauf die Brotwürfel. Dazu könnem Semmeln oder Salzstange gereicht werden.

Tschechische Zwiebelsuppe II.

50 g Fett, 50 g Mehl, 3 Kartoffeln, Salz, Pfeffer, 3–4 Zwiebeln, 50–100 g luftgetrocknete Mettwurst oder Brühwurst, 1 1/2–2 l Wasser

Aus Fett und Mehl helle Mehlschwitze herstellen, mit Wasser verdünnen, gewürfelte Kartoffeln hineintun, salzen, pfeffern und kochen. Kurz vor dem Fertigkochen die in dünne Ringe geschnittene Zwiebel und geschnittene Wurst zusetzen. Suppe noch einmal aufkochen und sofort servieren.

Blumenkohlsuppe

1 mittelgroßer Blumenkohl, 1 1/4 l Wasser, 40 g Butter, 60 g Mehl, 1/8 l Schlagsahne, 1 Eigelb, Salz, Pfeffer, Muskat

In kleine Röschen zerlegten Blumenkohl im Salzwasser nicht allzu weich kochen.
Inzwischen die Mehlschwitze zubereiten.
Blumenkohlröschen aus der Brühe nehmen, die Brühe mit der Mehlschwitze binden, weitere 20 Minuten köcheln. Blumenkohl wieder einlegen, noch 5 Minuten köcheln lassen. Zuletzt die Sahne mit verquirltem Eigelb zufügen. Mit Pfeffer und Muskat würzen.

Falsche Schildkrötensuppe

2 EL Grieß, Butter, 3 Möhren, 3/4 l Brühe, 1 Ei, Petersilie

Grieß in Butter goldgelb rösten. Die Möhren reiben, zum Grieß geben und 5 Minuten mitdünsten. Dann Brühe zugießen, köcheln lassen. Zum Schluß verquirltes Ei und gehackte Petersilie zufügen.

Dillcremesoße

1 Bund Dill, 1/4 l Sahne, 1/4 l Milch, 60 g Mehl, 30 g Butter, Brühe, Essig, Zucker, Salz

Dill feinhacken, mit 2 TL Essig und 1 TL Wasser kurz kochen. Sahne und Milch zusammenmischen. In einem Teil das Mehl verquirlen. In einem anderen Topf die übrige Sahne und Milch zum Kochen bringen, das angerührte Mehl zugießen und unter ständigem Rühren zu Cremesoße kochen.
Dill, Salz, Zucker, Butter und etwas Brühe zufügen.
Die Soße reichen wir zu gekochtem Rindfleisch oder hartgekochten Eiern. Als Beilage servieren wir Semmelknödel oder Kartoffeln.

Meerrettichsoße

60 g Mehl, 40 g Butter, 0,2 l Milch, 0,2 l Sahne, Salz, Zucker, 30 g geriebener Meerrettich

Aus Butter und Mehl eine helle Mehlschwitze bereiten, die Milch zugießen, gut verrühren, aufkochen lassen. Dann die Sahne zugeben, nochmals aufkochen lassen. Mit Salz und Zucker abschmecken. Zuletzt den Meerrettich zufügen.
Zu gekochtem Rindfleisch reichen.

Gurkensoße

60 g Butter, 50 g Mehl, 1/2 l Fleischbrühe, 1 kleine Zwiebel, 150 g Gewürzgurken, 0,2 l Sahne, Salz, Pfeffer, Zucker, Essig

Feingehackte Zwiebel in 45 g Butter anbraten, mit Mehl bestäuben, eine Mehlschwitze bereiten. Brühe zugießen, gut verrühren, 20 Minuten köcheln lassen.
Die in kleine Würfel geschnittenen Gurken in 15 g Butter kurz dünsten, der durchgesiebten Soße zusetzen. Mit Salz, Pfeffer, Zucker und Essig abschmecken.

Knoblauchsoße

50 g Schmalz, 60 g Mehl, 1 Zwiebel, 5 Knoblauchzehen, Fleischbrühe, Salz, Pfeffer

Zwiebel und 2 Knoblauchzehen feinhacken, in Schmalz goldgelb anbraten. Mehl zugeben, eine Mehlschwitze bereiten. Fleischbrühe zugießen, gut verrühren, 20 Minuten köcheln, pfeffern.
3 Knoblauchzehen mit Salz verreiben, kurz vor Kochende in die Soße geben.

Tomatensoße mit Sahne

500 g Tomaten oder 150 g Tomatenmark, 50 g Mehl, 50 g Butter, 1 Zwiebel, 1/2 TL Thymian, 1 Lorbeerblatt, Salz, Zucker, Essig, 1/2 l Fleischbrühe
Zwiebel feinhacken, in Butter leicht rösten, Thymian zufügen, mit Mehl bestäuben, eine Mehlschwitze bereiten.
Die kleingeschnittenen Tomaten oder Tomatenmark zugeben, Lorbeerblatt zufügen, kurz andünsten. Dann die Brühe zugießen, verrühren, 20 Minuten köcheln lassen. Sahne zugießen, die Soße durch ein Sieb passieren. Mit Salz, Zucker und Essig abschmecken.
Mit gekochtem Rindfleisch und Semmelknödeln servieren.

Tomatensoße mit Sahne

Pilzsoße mit Sahne

Pilzsoße mit Sahne

250 g Pilze, 60 g Mehl, 50 g Schmalz, 1/2 l Fleischbrühe, 0,2 l Sahne, 1 Zwiebel, Salz, Pfeffer, Kümmel

Zwiebel kleinhacken, Pilze in dünne Scheiben schneiden. In Schmalz mit Kümmel und Pfeffer dünsten. Brühe zugießen, köcheln lassen. Mehl in der Sahne verquirlen, in die Soße gießen, nochmal köcheln lassen. Salzen.

Zwiebelsoße

50 g Schmalz, 60 g Mehl, 150 g Zwiebel, Salz, Pfeffer, Fleischbrühe

Feingehackte Zwiebel in Schmalz goldgelb anbraten, mit Mehl bestäuben, eine Mehlschwitze bereiten. Die Fleischbrühe zugießen, mit einem Schneebesen gut verrühren, kochen lassen. Salzen, nach Geschmack mit etwas Zucker und Essig abschmecken.

Wurst in Essigmarinade

Wurst in Essigmarinade (Utopenci)

400 g Krakauer, 2 große Zwiebeln, 2 kleine Salatgurken

Für die Marinade: 2 Teile Essig, 7 Teile Wasser, Salz, einige Pfefferkörner, Piment, Lorbeerblatt, 2 TL Öl, Pfeffer
Das Salzwasser mit Gewürzen aufkochen lassen, Essig und Öl zugeben, abkühlen lassen.
Krakauer abziehen, in dickere Scheiben schneiden. Die Zwiebeln schälen und in dünne Scheiben schneiden. Die Gurken ebenfalls schälen und in Scheiben schneiden.
Die Wurst–, Zwiebel– und Gurkenscheiben in ein großes Glas aufschichten.
Mit der Marinade übergießen.
Kalt stellen, ca. 3 Tage durchziehen lassen.
Mit Bauernbrot reichen.

Kartoffelsalat

1 kg Kartoffeln, 200 g Bierschinken, 1 Zwiebel, 3 Gewürzgurken, 4 hartgekochte Eier, 100 g TK Erbsen, Salz, Pfeffer, Worcestersauce, Petersilie, 3 EL Gurkenaufguß, 250 g Mayonnaise

Die gekochten Kartoffeln schälen, kleinwürfeln, ebenso die anderen Zutaten. Alles vermengen, salzen, mit Pfeffer, Worcestersauce, Petersilie und Gurkenaufguß abschmecken, Mayonnaise unterrühren.

Kartoffelsalat mit Matjesfilet

1/2 kg Kartoffeln, 2 Gewürzgurken, 1 Zwiebel, Salz, Essig, Senf, 1 Tasse saure Sahne, 2 Matjesfilets

Die Kartoffeln kochen, schälen, in kleine Würfel schneiden.
Matjes in schmale Streifen schneiden, die Gurken würfeln, mit Kartoffeln zusammenmischen, ein bißchen salzen.
Senf mit der Sahne zerquirlen, kleingeschnittene Zwiebel zufügen, über die Kartoffeln mit Matjes gießen, 6 Stunden im Kühlschrank durchziehen lassen.

Fischfiletsalat

400 g Fischfilet, Salz, Zitronensaft, 30 g Butter, 100 g Sellerie, 1 Zwiebel, 1 hartgekochtes Ei, 300 g Mayonnaise, 1 Prise Zucker, Worcestersauce, Petersilie

Das Fischfilet in Portionen teilen, salzen, mit Zitronensaft beträufeln und auf Butter in eigenem Saft garen. Abkühlen lassen, in Scheiben zerlegen. Den feingeriebenen Sellerie, die gehackte Zwiebel und das in Scheiben geschnittene Ei zugeben. Alles mit Mayonnaise verrühren, mit Salz, Zucker, Worcestersauce und Zitronensaft abschmecken.
Den Salat 4 Stunden durchziehen lassen, mit Petersilie garnieren.

Karpfensalat

600 g Karpfenfleisch, 4 EL Öl, Essig, Salz, 1 große Zwiebel, gemahlener und ganzer Pfeffer, Lorbeerblatt

Das Salzwasser mit ganzem Pfeffer, Lorbeerblatt und Essig zum Kochen bringen. Fischportionen reinlegen und langsam garen.
Das gekochte Fischfleisch von Gräten befreien und in Streifen schneiden. In dünne Ringe geschnittene Zwiebel zugeben, salzen, pfeffern, mit Öl und Essig begießen und leicht vermengen. Durchziehen lassen.

Pilzsalat

400 g Salatkartoffeln, 300 g frische Waldpilze oder Champignons, 1 Bund Frühlingszwiebeln, Salz, 3 EL Öl, Pfeffer, 1 Schuß Brühe, 20 g Räucherspeck, 1 Knoblauchzehe, 4 EL Essig, 1 TL Senf, 1 Bund Petersilie

Kartoffeln im Salzwasser weich kochen. Inzwischen die Pilze putzen, kleiner schneiden, die Frühlingszwiebeln säubern und samt dem Grün in feine Scheiben schneiden.
Pilze in 1 EL Öl andünsten, Schuß Brühe zugeben und 5 Minuten gardünsten.
Speck fein würfeln und braun ausbraten.
Die Kartoffeln pellen und in Scheiben schneiden, noch warm

mit Pilzen, Speck, Speckfett und einer Mischung aus Öl, Essig, zerdrücktem Knoblauch und Senf vermengen. Dann die Frühlingszwiebeln zufügen, abschmecken und durchziehen lassen.
Mit gehackter Petersilie bestreuen.

Eiersalat mit Gemüse

8 hartgekochte Eier, 150 g Tomaten, 150 g Salatgurken, 1 grüne Paprikaschote, 1 kleine Zwiebel, 100 g Mayonnaise, 100 g Joghurt, 1 TL Senf, Zucker, Pfeffer, Essig, Salz

Die Eier, Tomaten und Salatgurke in Würfel, Paprikaschote in Streifen und Zwiebel in dünne Halbringe schneiden.
Mayonnaise mit Joghurt, Senf und den anderen Zutaten verrühren, über die Eier und Gemüse gießen, leicht vermengen, durchziehen lassen.

Rindfleischsalat mit Meerrettich

300 g gekochten Rindfleisch, 2 Paprikaschoten, 2 EL Ketchup, 5 EL Öl, 1 Prise Zucker, Pfeffer, Essig, Salz, geriebener Meerrettich

Das gekochte Fleisch und Paprikaschoten in Streifen schneiden. Ketchup mit Öl verrühren, mit Zucker, Pfeffer, Essig und Salz abschmecken, Fleisch– und Paprikastreifen zugeben, vermengen, durchziehen lassen. Vor dem Servieren mit Meerrettich bestreuen.

Blumenkohlsalat

1 mittelgroßer Blumenkohl, 2 hartgekochte Eier, Petersilie oder Schnittlauch, 1 Prise Zucker, Salz, 3 EL Öl, 1 Zwiebel, Worcestersauce, 1 TL Senf, Essig

Den Blumenkohl im Salzwasser garkochen. Abkühlen lassen, kleinhacken, mit feingeschnittener Zwiebel mischen. Dressing aus Öl, ein wenig Wasser, Senf, Essig, Worcestersauce und Zucker zubereiten, über Blumenkohl gießen. Mit Petersilie oder Schnittlauch und kleingehackten Eiern bestreuen.

Blumenkohl–Tomaten-Salat

1 kleiner Blumenkohl, Salz, 4 mittelgroße feste Tomaten, 1/8 l Sahne, 1 EL geriebener Meerrettich, Pfeffer, 1 TL Zucker, Zitronensaft

Den Blumenkohl in Röschen teilen, im Salzwasser 8–10 Minuten nicht zu weich garen, abtropfen lassen.
Die Tomaten überbrühen, häuten, in Scheiben schneiden.
Blumenkohlröschen und Tomaten auf einer Platte anrichten.
Sahne halbsteif schlagen und mit den übrigen Zutaten abschmecken. Über den Salat gießen.

Käseaufstrich

100 g geriebener Käse, 100 g Mayonnaise, 4 Knoblauchzehen, Salz

Den Käse mit Mayonnaise vermischen, die geschälten Knoblauchzehen fein mit Salz verreiben, zu der Käsemayonnaise geben.

Verschiedene Salate

Liptauer Aufstrich

250 g Quark, 50 g Butter, 1/2 Zwiebel, 3 EL Milch, 1 TL edelsüßer Paprika, Salz

Die weiche Butter mit Quark und Milch verrühren, Paprika und feingehackte Zwiebel zugeben, salzen.

Möhrenaufstrich mit Sellerie

200 g Möhren, 150 g Sellerie, 100 g Mayonnaise, Zitronensaft, Zucker, Salz, Pfeffer

Mayonnaise mit Zitronensaft, Zucker, Salz und Pfeffer würzen. Möhren und Sellerie fein reiben, mit der Mayonnaise zusammenmischen.

Ölsardinenaufstrich

150 g weiche Butter, 1 Dose Ölsardinen, 5 hartgekochte Eier, 1 Zwiebel, 3 Gewürzgurken, Senf, Salz, Pfeffer, Zitronensaft

Die weiche Butter mit Ölsardinen schaumig rühren. Eier, Zwiebel und Gurken feinhacken, mit der Sardinenbutter vermischen. Mit Senf, Salz, Pfeffer und Zitronensaft abschmekken.

Krabbenaufstrich

250 g Krabben in Salzlake, 150 g Mayonnaise, Salz, Pfeffer, Zucker, Zitronensaft, zum Garnieren Zitronenscheiben

Die Krabben gut abtropfen lassen, feinhacken, mit Messer zerdrücken. Die Krabbenmasse mit Salz, Pfeffer, Zucker und Zitronensaft kräftig abschmecken, druchziehen lassen. Dann gut ausdrücken, es darf keine Flüssigkeit mehr vorhanden sein.
Die Masse mit Mayonnaise verrühren, nachwürzen. Den Aufstrich auf Stangenweißbrotscheiben streichen, mit Zitronenscheiben garnieren.

Tatar–Aufstrich

250 g Schabefleisch vom Rind, 1 Zwiebel, 2 Eigelb, Senf, Ketchup, Worcestersauce, Salz, Pfeffer, edelsüßer und scharfer Paprika

Das Fleisch mit allen Zutaten würzen, feingehackte Zwiebel und Eigelb unterrühren.
Tatar–Aufstrich schmeckt am besten mit Topinky. Topinky sind in Schmalz knusprig geröstete Bauernbrotscheiben. Jede Scheibe auf beiden Seiten mit Knoblauchzehe kräftig abreiben, salzen. Topinky sollen heiß gegessen werden.

Räucherfleischaufstrich

300 g Räucherfleisch, 100 g Mayonnaise, geriebener Meerrettich, gehackte Petersilie, Salz

Das Fleisch in dünne Streifen scheiden, mit Mayonnaise, Meerrettich und Petersilie mischen, nach Geschmack salzen.

Sardelleneier

6 hartgekochte Eier, 3 Sardellenfilets, 50 g Butter, 1 EL Mayonnaise, Pfeffer, 1 EL Kapern

Die Eier längs halbieren, die Dotter herauslösen. Die gehackten Sardellenfilets mit Butter und Eigelb schaumig rühren, Mayonnaise und Pfeffer zugeben. Die Masse wieder in die Eihälften füllen. Mit Kapern garnieren.

Gefülltes Stangenweißbrot

1 Brot, 250 g weiche Butter, 5 hartgekochte Eier, 1 Dose Ölsardinen, 5 Gewürzgurken, 1 Zwiebel, 250 g Fleischwurst, eingelegter Tomatenpaprika oder 1 frische rote Paprikaschote, Senf, Salz, Pfeffer

Das Brot quer halbieren und aushöhlen. Die weiche Butter mit Ölsardinen schaumig rühren, mit den anderen kleingehackten Zutaten mischen, mit Salz, Pfeffer und Senf würzen.

Gefülltes Stangenweißbrot

Mit der Masse beide Brothälften füllen, zusammendrücken, in Alufolie einwickeln und 24 Stunden kalt stellen. Das gefüllte Brot mit einem Scharfen Messer in Scheiben schneiden.

Schinkenröllchen

300 g Schinken, 1/4 l Schlagsahne, 5 EL frisch geriebener Meerrettich, Salz, Pfeffer

Die Schlagsahne steif schlagen, Meerrettich unterziehen, mit Salz und Pfeffer abschmecken.
Die Schinkenscheiben mit der Meerrettichsahne bestreichen und zusammenrollen.

Belegte Stangenweißbrotscheiben (Chlebíčky)

Hierfür sind dünne Weißbrotschnitten mit Butter oder einem entsprechenden Aufstrich zu bestreichen und mit viel Phantasie zu garnieren.

Verschiedene Kombinationen:
1) Mayonnaise, Schinken, frisch geriebener Meerrettich, Tomatenpaprika, Petersilie

2) Butter, Schinken, Schnittkäse, Tomatenpaprika, Gewürzgurke
3) Butter, Ungarische Salami, hartgekochtes Ei, Gewürzgurke
4) Kartoffelsalat, Schinken, hartgekochtes Ei, Gewürzgurke
5) Butter, geräucherte Zunge, hartgekochtes Ei, Gewürzgurke, Schnittkäse, Petersilie
6) Butter, Roastbeefscheiben, Meerrettichsahne
7) Ölsardinenaufstrich, Salami, hartgekochtes Ei, Gewürzgurke
8) Frischrahmkäse, 1 Bund Radieschen
9) Butter, Sardellenfilets, Zwiebelringe
10) Butter, Dorschleber, Zwiebelringe

< Belegte Schnittchen

Sauerbraten nach Znaimer Art

800 g Rinderbraten, 1 große Zwiebel, 2 Lorbeerblätter, 2 EL Öl, Pfefferkörner, 200 g Wurzelgemüse, 2 Zitronenscheiben, 1/4 l Essig, Salz, 20 g Butter, 1/10 Weißwein, Mehl, 2 Gewürzgurken, 1 TL Senf, 1 Eigelb, Pfeffer

Zwiebel in Ringe, Gemüse in Scheiben schneiden. 1/2 l Wasser mit Essig, Lorbeerblättern, 1 EL Öl, Pfefferkörnern, Gemüse, Zwiebel und Zitronenscheiben 10 Minuten kochen. Abkühlen lassen und den Braten hineinlegen. 2 Tage marinieren. Danach herausnehmen, trockentupfen und salzen. Restliches Öl erhitzen, Butter darin schmelzen und das Fleisch rundum braun anbraten. 1/4 l durchgeseihten Sud, Wein, 2 Handvoll Gemüse aus der Marinade mit in den Schmortopf geben und bei schwachen Hitze weich schmoren.
Den Braten warm stellen, die Soße mit Mehl binden und aufkochen.
Sie Soße dann durch ein Sieb passieren.
Die Gurken in Stifte schneiden und mit dem Senf daruntermischen.
Eigelb mit etwas Soße anrühren, diese damit legieren und abschmecken.

Znaimer Rinderbraten

750 g Rinderbraten, 30 g Speck, Salz, Pfeffer, 80 g Schmalz, 3 Zwiebeln, Maggiwürfelbrühe, 30 g Mehl, 200 g saure Gurken, 20 g Butter

Das Fleisch mit Speckstreifen durchziehen, salzen und pfeffern. In Schmalz die kleingeschnittenen Zwiebeln andünsten, das Fleisch darauflegen, auf beiden Seiten anbraten. Etwas Brühe zugießen und schmoren lassen. Zwischendurch immer wieder begießen.
Das weichgeschmorte Fleisch herausnehmen, den Saft bis auf das Fett eindampfen lassen, mit Mehl anschwitzen. Brühe zugießen, alles aufkochen, dann die Soße durchsieben.
Die Gurken in Stifte schneiden, in Butter leicht dünsten, auf das Fleisch legen, mit der Soße übergießen.
Mit Semmelknödeln servieren.

Rinderbraten mit Gemüse

750 g Rinderbraten, 50 g Speck, 80 g Schmalz, 150 g Wurzelgemüse, Salz, Pfeffer, 1 Zwiebel, 30 g Mehl, 1/2 Maggiwürfel

Das Fleisch mit Speckstreifen durchziehen, salzen und pfeffern. Auf beiden Seiten in Schmalz anbraten, herausnehmen, in dem Fett das kleingeschnittene Wurzelgemüse und Zwiebel bräunen.
Das Fleisch wieder hineinlegen, etwas Wasser zugießen und schmoren lassen. Während des Schmorens das Fleisch mit Bratensaft übergießen und nach Bedarf heiße Brühe zugießen.
Das Fleisch garschmoren, herausnehmen und den Saft bis auf das Fett eindampfen. Dann mit Mehl anschwitzen, etwas Brühe zufügen und köcheln lassen.
Die Soße auf das Fleisch durchsieben.
Mit Kartoffeln oder Reis servieren.

Kerzenbraten (Svíčková)

750 g Rinderbraten (Lende oder falsche Lende), 100 g Speck, 300 g Wurzelgemüse (Möhren, Sellerie, Petersilienwurzel), Zitronenschale, 2 Zwiebeln, 3 Lorbeerblätter, 2 TL Thymian, Pfefferkörner, 1/2 l Sahne, 1 EL Mehl, Essig oder Zitronensaft, 100 g Butter, Salz, Pfeffer

Das enthäutete Fleisch mit Speckstreifen spicken. Das Gemüse und Zwiebeln in Scheiben schneiden. Die Butter zerlassen, abkühlen lassen. Den Bräter mit einigen Speckstreifen auslegen, mit der Hälfte der Gemüse – und Zwiebelscheiben bestreuen. Das Fleisch darauflegen, mit Thymian, Pfeffer, Zitronenschale und Lorbeerblättern würzen. Mit dem Gemüserest bedecken, mit der flüssigen Butter übergießen. Über Nacht kalt stellen.
Erst vor dem Braten salzen. Während des Bratens mit Saft übergießen, nach Bedarf etwas Wasser zugeben.
Das gare Fleisch herausnehmen. Gemüse samt Bratensaft durch ein Sieb passieren. Die Sahne mit dem eingequirlten Mehl zugießen. Die Soße durchkochen lassen, nach Geschmack mit Essig oder Zitronensaft würzen. Mit Semmelknödeln und Preisselbeerkompott servieren.

Kerzenbraten

Debreziner Braten

1 kg Rinderbraten, 2 längere Würstchen, 30 g Speck, Salz, Pfeffer, 4 Zwiebeln, 100 g Schmalz, 1/4 l Brühe, 20 g Mehl, 20 g Butter, 1 TL edelsüßer Paprika

Das Fleisch mit in Stücke geschnittenen Würstchen und Speck spicken, salzen und pfeffern. Die kleingeschnittenen Zwiebeln in Schmalz rösten, das Fleisch darauflegen, von allen Seiten anbraten. Etwas Brühe zugießen. In der Röhre braten. Während des Bratens mit Bratensaft übergießen, nach Bedarf die Brühe zugeben.
Das gare Fleisch herausnehmen, den Saft eindampfen, leicht mit Mehl bestäuben, bräunen und die Brühe auffüllen. Die Soße aufkochen, durchsieben und den in Butter gerösteten Paprika zugeben.
Mit Kartoffeln oder Semmelknödeln servieren.

Gefüllter Rinderbraten

1 kg Rinderbraten, Salz, Pfeffer, 30 g Speck, 150 g Rauchfleisch, 100 g saure Gurken, 2 Eier, 80 g Schmalz, 4 Zwiebeln, 1/4 l Brühe, 30 g Mehl, Senf

Das Fleisch leicht klopfen, salzen, pfeffern. Mit Streifen von Speck, Rauchfleisch und Gurken spicken. Das Fleisch auf der längeren Seite einschneiden, die Tasche mit Senf bestreichen, die hartgekochten Eier hineinlegen und die Öffnung zunähen. In Schmalz von allen Seiten anbraten, geschnittene Zwiebel zugeben. Brühe aufgießen und das Fleisch in der Röhre braten. Während des Bratens übergießen, etwas Brühe auffüllen.
Den garen Braten herausnehmen, den Saft eindampfen, mit Mehl bestäuben, bräunen, Brühe aufgießen. Durchkochen lassen. Die Soße durchsieben, die restlichen Gurken – und Rauchfleischstreifen zugeben.
Mit Kartoffeln servieren.

Große Rinderroulade I.

1 kg Rinderbraten, Salz, Pfeffer, Senf, 1 Knoblauchzehe, Majoran, 100 g Schinkenwurst, 50 g Räucherspeck, 3 Eier, 2 Gewürzgurken, 150 g Wurzelgemüse, 2 Zwiebeln, 120 g Schmalz, 2 Tomaten, 30 g Mehl, 1/4 l Brühe

Das Fleisch (eine große Scheibe) gut klopfen, salzen, pfeffern, mit Senf bestreichen, mit Knoblauch und Majoran würzen.
Schinkenwurst und Speck in Streifen schneiden, darauf legen.
Aus 3 Eiern gebackene Omeletts aufschichten und mit Gurkenstreifen bestreuen. Das Fleisch zu einer Roulade aufrollen und mit Faden umwickeln.
Im Bräter kleingeschnittenes Gemüse und Zwiebel in Schmalz rösten, in Scheiben geschnittene Tomaten zugeben. Die Roulade darauflegen, Brühe aufgießen und in der Röhre braten. Während des Bratens mit Saft übergießen.
Das gare Fleisch herausnehmen, den Saft verdunsten lassen, mit Mehl anschwitzen, bräunen, Brühe auffüllen, durchkochen lassen. Dann die Soße durch ein Sieb passieren.
Mit Kartoffeln oder Reis servieren.

Große Rinderroulade II.

1 kg Rinderbraten, 80 g Butter, 1 Zwiebel, 30 g Mehl, 1/4 l Brühe

für die Füllung: 500 g Hackfleisch gemischt, 2 Sardellenfilets, 1 Ei, Salz, Pfeffer, 1 kleine Zwiebel, 3 hartgekochte Eier

Die Fleischscheibe gut klopfen, salzen und pfeffern.
Für die Füllung angegebene Zutaten mischen. Die Fleischscheibe damit bestreichen, auf die halbe Länge die hartgekochten Eier legen. Das Fleisch zu einer Roulade aufrollen und mit Faden umwickeln. Im Bräter Zwiebelwürfel in Butter andünsten. Die Roulade darin von allen Seiten anbraten. Brühe aufgießen und in der Röhre braten. Das gare Fleisch herausnehmen. Den Saft mit Mehl anschwitzen, durchkochen lassen.

Budweiser Rostbraten

500 g Rinderfleisch, 250 g Reis, 2 Eier, 30 g getrocknete Pilze, 1 große Zwiebel, 1 Tasse Sahne, 80 g Butter, 20 g Mehl, 100 g Wurzelgemüse, Salz, Pfeffer, Lorbeerblatt, Zitronensaft

Das in Scheiben geschnittene Fleisch klopfen, salzen und pfeffern. Die Eier, gekochten Reis und gekochte, kleingehackte Pilze verrühren und in Butter anbraten.
Die Fleischscheiben mit der Masse bestreichen, zusammenklappen, mit Holzstäbchen befestigen.
Zwiebel – und Gemüsewürfel in Butter dünsten, das Fleisch darauflegen, scharf anbraten, würzen, Wasser zugießen und schmoren.
Den Bratensaft mit Mehl anstäuben, Wasser auffüllen, durchkochen lassen. Zum Schluß Sahne zugeben, mit Zitronensaft abschmecken. Durch ein Sieb passieren.

Rinderrouladen I.

4 Rinderrouladen, Salz, Pfeffer, Senf, 30 g Speck, 2 Würstchen, 2 Eier, 2 saure Gurken, 3 Zwiebeln, 80 g Schmalz, Brühe, Mehl

Die Fleischscheiben klopfen, salzen, pfeffern und mit Senf bestreichen. Auf jede Scheibe einige Streifen Speck, Würst-

Rinderrouladen I.

chen und Gurken geben, obendrauf die Hälfte des hartgekochten Ei legen. Die Scheiben zusammenrollen, mit Faden umwickeln.
Jede Roulade in Mehl wenden, in Schmalz rundum scharf anbraten, herausnehmen.
Erst dann kleingehackte Zwiebeln hinein und kurz andünsten. Das Fleisch darauflegen, etwas Brühe zugießen und garschmoren.
Die Rouladen herausnehmen, die Soße durchpassieren und über das Fleisch gießen.
Mit Semmelknödeln oder Kartoffeln servieren.

Rinderrouladen II.

4 Rinderrouladen, 150 g Schweinehack, 2 Sardellenfilets, 50 g Butter, 1 Ei, Salz, Pfeffer, 100 g Speck, 400 g Wurzelgemüse, Lorbeerblatt, Zitronenschale, 100 g saure Sahne, Mehl

Die weiche Butter und Sardellen zusammenrühren. Ei und Hackfleisch unterrühren, salzen und pfeffern.
Die Fleischscheiben klopfen, salzen und pfeffern. Mit der Füllung bestreichen. Zusammenrollen, mit Faden umwickeln.
Schmortopf mit Speckscheiben auslegen, Rouladen darauflegen. Wurzelgemüse kleinschneiden, das Fleisch damit bedecken. Mit Lorbeerblatt und Zitronenschale würzen.
Langsam schmoren, nach Bedarf etwas Brühe zugießen.
Das gegarte Fleisch herausnehmen, Gemüse samt Brühe durch ein Sieb passieren. Die Sahne mit dem eingequirlten Mehl zugießen, vorsichtig durchkochen lassen, salzen.
Mit Semmelknödeln servieren.

Rinderbraten mit Biersoße

800 g Rinderbraten, Salz, Pfeffer, 3/8 l Dunkelbier, 1 Zwiebel, 3 EL Öl, Thymian, 2 EL Tomatenmark, 3 EL Semmelbrösel

Das Rindfleisch salzen und pfeffern, in einer Schüssel mit dem Bier übergießen. Zugedeckt über Nacht im Kühlschrank marinieren lassen, zwischendurch wenden.
Am nächsten Tag den Ofen vorheizen.
Zwiebel hacken, Öl in einem Bräter erhitzen. Zwiebel darin glasig dünsten.
Fleisch trockentupfen (Marinade aufheben) und im Bräter rundherum anbraten. Biermarinade angießen, aufkochen, mit Salz, Pfeffer, Thymian und Tomatenmark würzen. Zudecken, in den Ofen stellen und braten.
Das gare Fleisch herausnehmen, die Biersoße mit Semmelbröseln andicken, kurz aufkochen.
Dazu schmecken Kartoffelknödel.

Rindfleisch im Schlafrock

4 Scheiben gekochtes Rindfleisch, 8 Scheiben Gouda, Senf, Mehl, 2 Eier, Semmelbrösel, Öl

Die Käsescheiben mit Senf bestreichen, zwischen je zwei Scheiben Käse eine Rindfleischscheibe geben, mit Holzstäbchen befestigen. Panieren, in Öl goldgelb ausbacken.
Mit Kartoffelpüree und Salat servieren.

Palivec–Spieß

je 500 g Filet vom Rind und Schwein, 75 g Speck, 150 g Zwiebel, 100 g Schmalz, Salz, 15 g Knoblauch, 40 g eingelegte Pfefferoni, 150 ml Brühe, 10 g Mehl

Das Fleisch würfeln (jedes Stück ca. 50 g), leicht klopfen. Auf den Spieß zuerst eine Pfefferoni aufspießen, dann abwechselnd Rind – und Schweinelendescheiben, Speck – und Zwiebelscheiben. Salzen, mit zerdrücktem Knoblauch bestreichen. Das Schmalz erhitzen, die Spieße darin scharf rundum anbraten. Ein wenig Brühe zugießen, gar schmoren.
Die Spieße herausnehmen, den Bratensaft mit Mehl anschwitzen, gut verrühren, die restliche Brühe aufgießen.
Die pikante Soße gut durchkochen lassen, bis sich das Fett von der Bratensoße zu trennen anfängt.

Kelch–Gulasch

1 000 g Rindfleisch, 125 g Schweineschmalz, 250 g Zwiebel, 25 g edelsüßer Paprika, 15 g Salz, Pfeffer, 15 g Tomatenmark, Kümmel, 600 ml Wasser, 50 g Mehl, 15 g Knoblauch, Majoran, Zwiebel zum Garnieren

Das Fleisch in mundgerechte Stücke schneiden. Die Zwiebeln schälen und würfeln. Schmalz in einem breiten, flachen Schmortopf erhitzen. Die Fleischwürfel darin portionsweise rundum gut anbraten. Die Zwiebeln zugeben und Farbe annehmen lassen. Tomatenmark und Paprikapulver zufügen, kurz mitrösten. Anschließend ein Teil des Wassers zugießen. Mit Salz, Pfeffer, Kümmel, Majoran und Knoblauch würzen. Zugedeckt weich schmoren lassen.
Das gare Fleisch herausnehmen. Den Saft bis auf das Fett eindampfen lassen, mit Mehl anschwitzen, Wasser auffüllen. Die Soße gut durchkochen und über das Fleisch durch ein Sieb streichen. Nochmals kurz aufkochen lassen.
Jede Portion mit goldgelb gerösteten Zwiebelringen garnieren. Mit Semmelknödeln servieren.

< Palivec-Spieß

Schweinebraten

1 kg Schweinebraten (Kamm, Rücken), Salz, Kümmel, 4 Knoblauchzehen, 50 g Schmalz, 1 kleine Zwiebel, 15 g Mehl, 1/4 l Brühe

Das Fleisch mit in Salz zerriebenem Knoblauch bestreichen, mit Kümmel bestreuen und mit der fetten Seite nach oben in den Bräter legen. Etwas Wasser zugießen und im Ofen braten. Dabei mit Bratensaft übergießen. Das Fleisch während des Bratens wenden. Brühe aufgießen, Zwiebel zugeben. Die wird später wieder entfernt. Nur wenn das Fleisch mager ist, Schmalz zugeben.
Das gare Fleisch herausnehmen, den Bratensaft mit Mehl anschwitzen, mit Brühe verrühren und aufkochen.
Mit Sauerkraut und Semmelknödeln servieren.

Kelch-Gulasch

Brettschneiderplatte >

Brettschneiderplatte

In die Mitte einer Platte Rot- und Weißkraut geben. Mit je 2 Scheiben Schweinebraten, Räucherfleisch, Hackbraten und 2 Stücken mährische Bratwurst (eine Art geräucherte Dauerwurst) belegen.

Mit goldgelb gebratenen Zwiebelringen garnieren.
Dazu Kartoffel- und Semmelknödel reichen. Den Bratensaft in einer Soßenschüssel servieren.

Schweinskeule nach Jägerart

1 kg Schweinefleisch (Keule), Salz, 1/2 l Wasser mit Essig, 3 Pfefferkörner, 2 Pimentkörner, 1 Lorbeerblatt, 200 g Wurzelgemüse, 2 Zwiebeln, 120 g Butter, 40 g Mehl, 1/8 l Weißwein, 1 Zitone, 3 EL Hagebutten- oder Johannisbeermarmelade

Das Fleisch enthäuten und salzen.
Für die Marinade Wasser mit Essig aufkochen, Salz und Gewürze sowie in Scheiben geschnittenes Wurzelgemüse und Zwiebeln zugeben und kurz aufkochen lassen.
Das Fleisch in ein Gefäß legen, mit der abgekühlten Marinade übergießen. Fest zugedeckt 1 bis 2 Tage kühl stellen. Das Fleisch mehrmals wenden.
In einer Kasserolle das abgetropfte Gemüse in Butter rösten, Fleisch auf beiden Seiten anbraten, dann in die vorgewärmte Röhre zum Braten stellen. Während des Bratens mit der Marinade übergießen.
Das gare Fleisch herausnehmen, den eingedampften Saft mit Mehl bestäuben, bräunen, mit Marinade, Wein und Zitronensaft verrühren. Zuletzt die Marmelade zugeben.
Die Soße kochen lassen, dann durch ein Sieb passieren.
Mit Semmelknödeln servieren.

Schweinskeule in Sahnesoße

500 g Schweinskeule, Salz, 30 g Speck, 100 g Rauchfleisch, 100 g Gewürzgurken, 100 g Wurzelgemüse, 1 Zwiebel, 60 g Schmalz, 3 Pfefferkörner, 2 Pimentkörner, 1 Lorbeerblatt, 30 g Mehl, 1/4 l Sahne, 1 Zitrone, Zucker

Das Fleisch salzen, mit Speck–, Rauchfleisch– und Gurkenscheiben durchziehen.
Feingeschnittenes Wurzelgemüse und Zwiebel in Schmalz rösten, das Fleisch darauflegen und auf allen Seiten anbraten.
Dann Gewürze zugeben, Wasser aufgießen und garschmoren.
Das Fleisch herausnehmen, den Saft eindampfen lassen, mit Mehl anschwitzen, die Soße aufkochen und durch ein Sieb passieren.
Mit Semmelknödeln servieren.

Schweinerollbraten mit Kräuterfüllung

1 Schweinerollbraten (ca. 700 g), 1 Bund gemischte Kräuter (Petersilie, Schnittlauch, Majoran, Liebstöckel), Salz, 4 Knoblauchzehen, 1 Ei, Pfeffer, 1 EL Semmelbrösel, 6 EL Sahne, Paprika, 1 Zwiebel, 3 Zitronenscheiben, 20 g Butter, 1/2 l Brühe, 1 Toastscheibe

Den Rollbraten aufrollen. Alle Kräuter fein hacken, 2 Knoblauchzehen zerdrücken, Knoblauch, Kräuter, Ei, Brösel und 1 EL Sahne mischen und mit Salz, Pfeffer und Paprikapulver abschmecken.
Auf den Rollbraten streichen, wieder zusammenrollen und zubinden. Rundum salzen und pfeffern. Mit den geschälten Knoblauchzehen und der Zwiebel (grob geschnitten), sowie den Zitronenscheiben in einen Bräter geben.
Unter gelegentlichem Bestreichen mit Butter und häufigem Begießen mit Brühe garschmoren. Dann das Fleisch herausnehmen. Während des Bratens die Toastscheibe entrinden.
Die Soße durchseihen, zerbröckelte Toastscheibe hineingeben, aufkochen und die Brotkrümmel unter Rühren auflösen.
Mit Sahne verfeinern, mit Salz, Pfeffer und Paprikapulver abschmecken.
Mit Salzkartoffeln servieren.

Schweinerollbraten mit Pilzen

800 g Schweinerollbraten, Senf, Salz, 80 g Schinken, 2 Zwiebeln, 3 Sardellenfilets, 1 Bund Petersilie, Thymian, Pfeffer, 1 Ei, 20 g Räucherspeck, 1 EL Öl, 1/2 l Rotwein, 200 g Champignons oder frische Waldpilze, Kartoffelmehl

Den Braten aufbinden, flach ausbreiten, Innenseite dünn mit Senf bestreichen.
Schinken fein hacken, ebenso Zwiebeln, Sardellenfilets sowie Petersilie. Den Schinken mit der Hälfte der Zwiebeln, der Sardellenfilets, der halben Petersiliemenge, etwas Thymian, Salz, Pfeffer und dem Ei vermischen. Auf den Rollbraten streichen und diesen wieder zusammenrollen, von außen salzen und pfeffern.
Den Speck fein hacken und im erhitzten Öl auslassen. Die Fleischrolle kurz scharf von allen Seiten anbraten, restliche Zwiebeln mitrösten. Wein angießen und zugedeckt bei kleiner Hitze gar schmoren. Inzwischen die Pilze säubern und blättrig schneiden. Nach etwa 45 Minuten Schmorzeit zu dem Braten geben, etwas Thymian zufügen. Das gare Fleisch herausnehmen. Die Soße mit Kartoffelmehl binden, aufkochen, abschmecken, restliche Petersilie unterziehen.
Mit Semmelknödel servieren.

Meerrettichbraten

1 kg Schweinebraten, Salz, Pfeffer, Edelsüßpaprika, Kümmel, 2 TL Speisestärke, 2 EL saure Sahne, 2 EL geriebener Meerrettich

Das Fleisch mit Salz, Pfeffer, Paprika und Kümmel einreiben.
In den Bräter legen, eine Tasse kochendes Wasser dazugießen.
Im vorgeheizten Ofen gar braten. Dabei öfter mit Bratfond oder heißem Wasser begießen.
Das Fleisch herausnehmen, warm stellen.
Bratfond mit Wasser auf einen halben Liter ergänzen, aufkochen.
Speisestärke mit der Sahne verquirlen, unter den Bratfond schlagen, aufkochen, Meerrettich darunterrühren.
Mit Semmelknödeln servieren.

Schweinebraten mit Pflaumen

750 g Schweineschulter mit Schwarte, 5 entsteinte Backpflaumen, Salz, Pfeffer, 1 Zwiebel, 2 Nelken, 2 EL Öl, 1/8 l Sahne

Pflaumen vierteln, über Nacht in 1/8 l Wasser einweichen.
Schweineschwarte rautenförmig einschneiden, Fleisch salzen

und pfeffern. Öl im Bräter erhitzen, Fleisch mit der Schwarte nach unten hineinlegen. 1/4 l Wasser dazugießen, im vorgeheizten Ofen 20 Minuten braten. Fleisch wenden. Zwiebel schälen, mit Nelken spicken und dazugeben.
Fleisch gar braten, dabei öfter begießen. Herausnehmen, warmstellen. Bratfond mit Pflaumenwasser ablöschen, Sahne und Pflaumen dazugeben, auf 1/4 l Soße einkochen.
Mit Kroketten oder Nudeln servieren.

Schweinskoteletts mit Senf

4 Koteletts, Salz, 80 g Schmalz, 2 Zwiebeln, 1 EL Senf, 1/2 Zitrone, 30 g Mehl

Das Fleisch klopfen, am Rand einschneiden, salzen und auf beiden Seiten in Schmalz anbraten. Die Koteletts herausnehmen.
In das Fett in Streifen geschnittene Zwiebeln legen und rösten. Senf und abgeriebene Zitronenschale zufügen. Darin die Koteletts schmoren. Wenn sie gar sind, mit Mehl bestäuben, bräunen, etwas Wasser zugießen und das Fleisch herausnehmen.
Die Soße gut verrühren, aufkochen, durch ein Sieb passieren, mit Zitronensaft abschmecken.
Mit Kartoffeln servieren.

Schweinekoteletts mit Pilzen

4 Koteletts, Salz, Pfeffer, Kümmel, 60 g Schmalz, 1 Zwiebel, 30 g Mehl, 1/4 l Brühe, 150 g frische Pilze, 100 G Butter

Die Koteletts klopfen, am Rand einschneiden, salzen, pfeffern und auf beiden Seiten in Schmalz anbraten. Die feingeschnittene Zwiebel und etwas Brühe zufügen und das Fleisch gar schmoren. Dann herausnehmen, den Saft mit Mehl anschwitzen, Brühe zugießen, aufkochen.
Die geputzten, in Scheiben geschnittenen Pilze in Butter mit Kümmel und Salz dünsten, zur Soße geben und nur kurz erwärmen.
Mit Reis oder Semmelknödeln servieren.

Putimer Schweinsrippe

1 250 g Schweinebraten (Kamm), Salz, Öl, Pfeffer, 150 g Schinken, 150 g Edamer, 15 g Senf, 10 g Mehl, Brühe

Den Rückgratknochen abtrennen, das Fleisch in dickere Scheiben schneiden. In die Seite, wo der Knochen entfernt wurde, eine Tasche einschneiden.
Den Schinken und Käse würfeln, mit Senf vermischen.
Die Fleischscheiben mit dieser Mischung füllen. Die Öffnung leicht zusammenklopfen, das Fleisch salzen und leicht bemehlen. Öl erhitzen, die gefüllten Fleischscheiben darin von beiden Seiten scharf anbraten, ein wenig Brühe zugießen und gar schmoren. Das gare Fleisch herausnehmen, den Bratensaft über die Portionen durchseihen.

Putimer Schweinsrippe

Schweinekoteletts auf Paprikakraut

4 Koteletts (Hals, Nacken), Salz, Pfeffer, Kümmel, Öl, 1 große rote Paprikaschote, 1 Dose Sauerkraut, 1/8 l Fleischbrühe, 4 Scheiben Edamer Käse

Öl erhitzen, das Fleisch darin von beiden Seiten je 3 Minuten kräftig anbraten. Mit Salz, Pfeffer und Kümmel würzen. Dann aus der Pfanne nehmen und zugedeckt warmstellen.
Die Paprikaschote in feine Streifen schneiden. Im verbliebenen Bratfett kurz andünsten. Das Sauerkraut unter die Paprikastreifen mischen. Fleischbrühe zufügen und 10 Minuten zugedeckt köcheln lassen. Abschmecken. Die Fleischstücke nebeneinander auf das Paprikakraut legen. Mit je einer Scheibe Käse bedecken. Einen Deckel auflegen und den Käse schmelzen lassen.
Man kann das Gericht auch kurz überbacken.

Schweinemedaillons mit Kräuterkartoffeln

800 g Kartoffeln, 2 Knoblauchzehen, 1 EL Butter, Salz, Pfeffer, 1 TL Majoran, 0,2 l Sahne, 1/8 l Milch, 8 dünne Scheiben durchwachsener Speck, 8 Schweinemedaillons, 1/8 l trockener Rotwein, 1/8 l Fleischbrühe, 2–3 EL Creme fraiche, 1 Bund Petersilie

Die Kartoffeln schälen, waschen und in bleistiftdicke Stifte schneiden. Knoblauch fein hacken. Die Butter in einem möglichst breiten Topf zerlassen. Kartoffeln und Knoblauch darin kurz andünsten. Salzen, pfeffern und den Majoran zufügen. Mit Sahne und Milch aufgießen. Aufkochen und zugedeckt bei milder Hitze in 10–15 Minuten garen.
In der Zwischenzeit die Speckstreifen in einer großen Pfanne knusprig ausbraten. Herausnehmen und warm stellen.
Die Schweinemedaillons in dem Speckfett von jeder Seite je nach Dicke 2 bis 3 Minuten braten. Ebenfalls aus der Pfanne nehmen und warm stellen. Den Bratensatz mit Rotwein, Fleischbrühe und der Creme fraiche verrühren. Aufkochen und unter Umrühren bei starken Hitze zu einer cremigen Soße einkochen lassen. Abschmecken.
Das Fleisch auf den Tellern mit etwas Soße begießen und je einer Speckscheibe belegen.
Die gehackte Petersilie unter die Kartoffeln mischen, abschmecken und zu den Medaillons servieren.

Schweinsrouladen mit Pilzen

4 Schweineschnitzel, Salz, 150 g Champignons oder Waldpilze, 30 g Butter, Zitronensaft, Pfeffer, Kümmel, 1/2 Glas Weißwein, 2 Eier, einige Semmelbrösel, 50 g Butter 30 g Mehl, 1/4 l Fleischbrühe

Die Schnitzel dünnklopfen, salzen.
Die geputzten und in Scheiben geschnittenen Pilze in Butter dünsten, mit Zitronensaft beträufeln, mit Pfeffer und Kümmel würzen, den Wein zugießen.
Dann die verquirlten Eier unterziehen. Einige Semmelbrösel zufügen und stocken lassen.
Mit dieser Fülle die Schnitzel bestreichen, zusammenrollen und mit Faden umwickeln.
Die Rouladen in Butter kurz anbraten, Brühe zugießen und das Fleisch garschmoren.
Dann herausnehmen, den Saft mit Mehl anschwitzen, Brühe auffüllen und gut verkochen.
Mit Reis oder Kartoffeln servieren.

Brünner Schnitzel

4 dickere Schnitzel, 20 g Butter, 80 g Schinken, 50 g grüne Erbsen (aus der Dose), Salz, Pfeffer, 1 Ei

Für die Panade: 50 g Mehl, 2 Eier, etwa 100 g Semmelbrösel

Das Fleisch leicht klopfen und in jedes Schnitzel eine Längstasche schneiden.
Den in kleine Würfel geschnittenen Schinken, abgetropfte Erbsen und Ei in Butter stocken lassen. Salzen und pfeffern.
Mit der Fülle die Tasche in den Schnitzeln füllen, mit einer Rouladennadel zusammenstecken. Salzen.
Dann in Mehl, Eiern und Mehl wenden. In heißen Fett auf beiden Seiten braten.
Mit Kartoffeln servieren.

Meerrettichschnitzel

4 dünne Schnitzel, Salz, Pfeffer, 50 g frischer Meerrettich, 50 g Mehl, 2 Eier, etwa 100 g Semmelbrösel

Das Fleisch klopfen, salzen und pfeffern.
Meerrettich schälen, reiben und auf die Schnitzel verteilen. Fest andrücken.
Das Fleisch mit der Unterseite in Mehl pressen, oben mit Mehl bestäuben. Dann in eine Schale mit den verquirlten Eiern legen und auf der Oberseite mit Ei beträufeln. Zuletzt in Semmelbrösel legen, oben mit Semmelbröseln bestreuen und die Panade fest andrücken. Die Schnitzel mindestenst 10 Minuten ruhen lassen.
Die Schnitzel mit der Meerrettichseite nach unten zuerst bei mittlerer Hitze braten, dann wenden und fertig bräunen.
Mit Kartoffeln servieren.

Krautwickel mit Schweinehack

1 Weißkohlkopf (ca. 1,3 kg), 30 g Schmalz, 150 g feingehackte Zwiebel, 500 g mageres Schweinemett, 2 Eier, 2 EL edelsüßer Paprika, Majoran, Salz, Pfeffer, 3/4 Tasse gekochter Reis, 1 TL feingehackter Knoblauch, 1 kg Sauerkraut, 50 g Schmalz, 1 Tasse Tomatenmark (verrührt mit einer Tasse Wasser), 50 g Butter, 50 g Mehl, 1/2 l saure Sahne

Kohlkopf in Salzwasser bei schwacher Hitze ca. 10 Minuten kochen lassen. Herausnehmen, die großen äußeren Blätter zum Füllen ablösen. Zwiebel in Schmalz anbräunen. Schweinehack, Eier, Paprika, Majoran, Salz, Pfeffer, Reis, angedünstete Zwiebel und Knoblauch in eine Schüssel geben und im Mixer kräftig verschlagen. Von dieser Füllung etwa 2 EL auf ein blanchiertes Kohlblatt geben, es vom dicken Ende her aufrollen, die Seiten dabei einschlagen. So viele Krautwickel machen, bis die Fülle aufgebraucht ist.
Den Boden einer feuerfesten Form mit dem Sauerkraut bedecken. Die Kohlwickel dicht nebeneinander legen. Flüssiges Schmalz und das mit Wasser verrührte Tomatenmark darübergießen.
Alles zugedeckt im Backofen schmoren lassen.
Dann die Krautwickel auf eine vorgewärmte Platte legen. Das Sauerkraut bleibt in der Form.
Butter im Topf zerlassen, Mehl zugeben, gut durchschwitzen lassen, mit der sauren Sahne ablöschen. Die Soße zum Sauerkraut geben und nochmals 10 Minuten dünsten lassen, dann das Sauerkraut über die Krautwickel geben.

Gefüllter Hackfleischbraten

1 kg Hackfleisch gemischt, 2 Brötchen, 1/8 l Milch, 2 Eier, 30 g Speck, 1 Zwiebel, Salz, Pfeffer, Majoran, 1 EL Senf, 2 Knoblauchzehen, Semmelbrösel

Für die Fülle: 4 hartgekochte Eier, 2 lange Würstchen

Das Hackfleisch mit den in Milch eingeweichten und ausgedrückten Brötchen, Eiern, in Würfel geschnittenem Speck und Zwiebel, Salz, Pfeffer, Majoran, Senf, zerdrücktem Knoblauch und einigen Semmelbröseln verrühren. Mit nasser Hand zwei Rollen formen. In die Mitte der Länge nach eine Mulde drücken, die hartgekochten Eier und die Würstchen hineindrücken und die Rollen wieder zusammenformen. Mit der Naht nach unten in einen eingefetteten Bräter legen. Die Oberfläche mit Eiweiß bestreichen, etwas Wasser zufügen und im Ofen braten. Während des Bratens mit Saft begießen. Nach Bedarf etwas heißes Wasser zufügen.
Das gare Fleisch herausnehmen, den eingedampften Saft mit Mehl anschwitzen, bräunen, Wasser zugießen und gut durchkochen.
Mit Kartoffeln oder Kartoffelpüree servieren.

Gefüllter Hackfleischbraten

Gekochtes Rauchfleisch

1 kg Rauchfleisch, 50 g Wurzelgemüse, Zwiebel

Das Fleisch in siedendem Wasser ansetzen. Geschnittenes Gemüse und Zwiebel zugeben und gar kochen. Nicht salzen. Das in Scheiben geschnittene Fleisch mit Sauerkraut und Kartoffelknödeln mit gerösteter Zwiebel servieren.

Nudelauflauf mit Rauchfleisch (Schinkenfleckerl)

500 g Bandnudeln, Salz, 300 g Rauchfleisch, 1 Zwiebel, Butter, 3 Eier, 1 Tasse Milch, Pfeffer

Die Bandnudeln zerbrechen, in Salzwasser bißfest kochen. Dann abgießen, mit kaltem Wasser abschrecken.
2 EL Butter in einer Pfanne zerlassen. Die kleingehackte Zwiebel darin goldgelb braten.
Das weichgekochte, in Würfel geschnittene Rauchfleisch und die Zwiebel mit den Nudeln vermischen. Salzen und pfeffern. Eine feuerfeste Form mit Butter ausstreichen und mit Semmelbrösel bestreuen. Die Nudeln mit Fleisch in die Form füllen und im Backofen backen. Wenn die Masse leicht Farbe annimmt, mit in Milch verquirlten Eiern übergießen und weiter goldgelb backen.

Leberwurst

1 Schweinebeuschel (Lunge und Herz), 250 g Schweinskopffleisch (Backenfleisch), 200 g Schweineleber, 2–3 Brötchen, 1 Tasse Brühe, Salz, Majoran, Pfeffer, gemahlener Piment, 1 Knoblauchzehe, Ingwer, Schmalz

Das Beuschel und das Backenfleisch im Salzwasser gar kochen.
Die Brötchen in der Brühe einweichen.
Das gekochte Fleisch, die Brötchen sowie die rohe Leber durch den Fleischwolf drehen.
Die Masse mit Majoran, Pfeffer, Piment, Knoblauch und Ingwer würzen. Nach Bedarf salzen.
Einen Bräter gut mit Schmalz ausstreichen.
Die Masse hineinfüllen und ca. 45 Minuten goldgelb braten.
Mit Salzkartoffeln und Sauerkraut servieren.

Osterauflauf

500 g Schweineschulter, 500 g Räucherfleisch, 6 Eier, 500 g altbackene Brötchen, 3/4 l Brühe, 2 EL Milch, 50 g Hefe, 2 Knoblauchzehen, Pfeffer, Muskat, Majoran, Salz, 1 Prise Zucker, je 1 Bund Petersilie, Schnittlauch und Brennessel

Das Fleisch getrennt im Salzwasser gar kochen, dann kleinwürfeln.
Die Brötchen ebenfalls würfeln und mit der Brühe von der Schweineschulter begießen.
Die Milch, Hefe und Zucker verrühren und gehen lassen.
Die Eier trennen.
Die Fleischwürfel und Brötchen zusammenmischen. Die Eigelbe, Hefe und kleingehackte Petersilie, Schnittlauch und Brennessel unterrühren.
Salzen, mit Pfeffer, Muskat, Majoran und zerdrücktem Knoblauch würzen.
Eiweiß steif schlagen und darunterheben.
Die Masse in eine gefettete Auflaufform füllen, 30 Minuten gehen lassen, dann goldgelb backen.

Panierter Karpfen

1 Karpfen (1 1/2 kg), Salz, Zitronensaft, 100 g Mehl, 2 Eier, 100 g Semmelbrösel, Öl

Abgeschuppte Karpfenportionen mit Zitronensaft beträufeln, salzen. Zunächst in Mehl, dann in verquirlten Eiern und in Semmelbröseln wenden. Langsam auf allen Seiten in erhitztem Öl braten.
Vor dem Servieren mit Zitronenscheiben garnieren, mit Kartoffelsalat auftragen.

Karpfen mit Käsesoße

1 Karpfen (1 1/2 kg), 1 l Wasser, 1/8 l Weißwein, 4 Pfefferkörner, Salz, Petersilie

Für die Soße: 30 g Mehl, 1 Zwiebel, 50 g Butter, 1/4 l Sahne, 50 g geriebener Käse, Pfeffer, Salz, Muskat

Den Karpfen in Portionen teilen.
Aus Wasser, Wein, Pfefferkörnern, Salz und Petersilie einen Sud zubereiten. Die Fischportionen hineinlegen und etwa 15 Minuten garen. Dann vorsichtig herausnehmen.
Aus Mehl, Zwiebel und Butter eine Mehlschwitze zubereiten, mit Fischsud und Sahne zu einer glatten Soße verkochen. In die Soße den geriebenen Käse geben, mit Pfeffer, Salz und Majoran würzen. Die Soße über den Fisch gießen, mit Petersilie garnieren und mit Kartoffeln servieren.

Gefüllter Karpfen

1 Karpfen (2 kg), 300 g Champignons, 1 Zwiebel, Salz, Pfeffer, 6 EL Butter, 2 EL Mehl, 2 EL Petersilie, 1/8 l Weißwein

Den Karpfen ausnehmen, abschuppen.
Champignons kleinschneiden, mit der Zwiebel in einem EL Butter 5 Minuten dünsten, salzen.
Den Karpfen innen und außen salzen und pfeffern. Champi-

gnons einfüllen, Bauchöffnung mit Rouladennadel zustecken oder zunähen.
Restliche Butter schmelzen, mit etwa einem EL davon eine feuerfeste Form fetten.
Den Karpfen mit Mehl bestäuben, in die Form legen. Drei EL Butter zerlassen und darüberträufeln. Im Ofen von jeder Seite etwa 20 Minuten braten.
Gehackte Petersilie in restlicher Butter andünsten, Wein dazugeben, aufkochen, salzen und pfeffern, nach und nach während des Bratens über den Karpfen gießen.
Mit Petersilienkartoffeln servieren.

Karpfen auf Champignons

4 Karpfenportionen, 3 Knoblauchzehen, Salz, 1 Tasse Weißwein, Pfefferkörner, Muskat, Petersilie

Für die Soße: 100 g Butter, 1 kleine Zwiebel, 100 g Champignons, Zitronensaft, 20 g Mehl, 200 g Tomaten, 1 Eigelb

Die Karpfenportionen mit in Salz zerdrücktem Knoblauch bestreichen.
In eine Bratpfanne legen, mit dem Wein und etwas Wasser begießen.
Würzen, Petersilie zufügen und etwa 10 Minuten schmoren.
Den Fisch herausnehmen, auf eine vorgewärmte Platte legen.
Feingehackte Zwiebel in Butter rösten, die in Scheiben geschnittenen Champignons zugeben und mit Zitronensaft beträufeln. Dünsten, mit Mehl andicken, Fischbrühe aufgießen, kochen lassen.
Die gehäuteten, von den Kernen befreiten Tomaten in kleine Würfel schneiden, zugeben und alles weiterdünsten.
Zum Schluß das verquirlte Eigelb unterziehen.
Mit Kartoffeln oder Reis servieren.

Südböhmischer Karpfen

4 Portionen Karpfenfleisch, 80 g Butter, 1 Zwiebel, 1 Tasse saure Sahne, 500 g Kartoffeln, Salz, Paprika, Petersilie

Feingeschnittene Zwiebel glasig dünsten, geschälte, in Scheiben geschnittene Kartoffeln zugeben, salzen.

Südböhmischer Karpfen

In jede Karpfenportion eine kleine Tasche schneiden und mit Butterflöckchen füllen, salzen.
Die Portionen auf die Kartoffeln legen, mit Paprika und feingehackter Petersilie bestreuen. Mit Sahne übergießen, etwa 20 Minuten im Backofen gar schmoren.

Fischfilet mit Schinken und Käse

500 g Fischfilet, Salz, Zitronensaft, 100 g gekochter Schinken, 100 g Mehl, 2 Eier, 100 g Semmelbrösel, 100 g geriebener Käse, Öl

Das Fischfilet in dünne Scheiben schneiden, salzen und mit Zitronensaft beträufeln. Zwischen je 2 Scheiben 1 Scheibe Schinken legen und mit einem Zahnstocher zusammenstekken.
Vorsichtig in Mehl, Eiern und in Semmelbröseln, gemischt mit geriebenem Käse, wenden.
In heißem Öl nicht zu dunkel braten.
Mit Kartoffeln oder Kartoffelpüree servieren.

Mährisches Fischhäckerle

1 kg Fisch, 50 g Speck, 1 große Zwiebel, etwas Rosenkohl, 1 Brötchen, 2 EL Milch, 1 große gekochte Kartoffel, 1 Ei, Salz, Pfeffer, Semmelbrösel, Bratfett

Es kann roher oder gekochter Fisch verwendet werden. Das Fleisch muß entgrätet sein.

Den Speck mit der kleingeschnittenen Zwiebel und dem Rosenkohl glasig dünsten.

Die abgekühlte Masse mit dem Fisch vermengen und zweimal durchmixen. Danach das in Milch eingeweichte Brötchen und die gekochte Kartoffel dazugeben. Salzen und pfeffern, das Ei hinzufügen und nach Bedarf mit Semmelbröseln andicken.

Einen Bräter leicht einfetten und mit Zwiebelringen belegen.

Die Masse zu einem Laib formen, in Bratfolie einwickeln und in den Bräter legen.

Im Ofen braten, bis die Zwiebel dunkel wird, dann mit etwas Wasser begießen und fertig braten.

Mit Salzkartoffeln servieren.

Gefülltes Hähnchen

1 Hähnchen, Salz, Pfeffer

Für die Fülle: 3 Brötchen, 1 Tasse Milch, 3 Eier, 50 g Butter, Muskat, Petersilie, Semmelbrösel, Salz

Die Brötchen würfeln, mit Milch, in der 3 Eigelb verquirlt wurden, beträufeln, zerlassene Butter, Muskat, Petersilie und Salz zufügen. Zum Schluß den steifen Schnee von 3 Eiweiß untermischen. Wenn die Fülle zu dünn ist, einige Semmelbrösel zugeben.
Das Hähnchen salzen, pfeffern und füllen. Zunähen.
Dann das Hähnchen mit zerlassener Butter bepinseln, den Butterrest in einen Bräter geben. Das gefüllte Hähnchen hineinlegen und im Ofen auf beiden Seiten goldgelb braten.
Mit Bratkartoffeln servieren.

Hähnchen mit Kräutern

1 Hähnchen, Salz, 20 g Butter, 4 Tomaten, 2 Knoblauchzehen, Pfeffer, Majoran, Thymian, Basilikum, 10 g Mehl, 1 EL Tomatenmark, Petersilie

Das Hähnchen in Portionen teilen, salzen, von beiden Seiten in Butter anbraten.
In eine Kasserolle geben, die abgezogenen, in kleine Würfel geschnittenen Tomaten, den mit Salz zerriebenen Knoblauch, Pfeffer und die Kräuter zufügen. Etwas Wasser zugießen und gardünsten.
Das Fleisch herausnehmen, den Bratensaft mit Mehl anschwitzen, ein wenig Wasser, Tomatenmark und kleingehackte Petersilie zufügen. Kurz aufkochen und über das Fleisch gießen.
Mit Kartoffeln oder Reis servieren.

Hähnchen mit Pilzen

1 Hähnchen, 50 g Butter, 1 Zwiebel, 100 g Champignons oder Waldpilze, 1/4 l saure Sahne, 2 EL Mehl, Salz

Das Hähnchen in 4 Portionen teilen. In Butter anbraten, kleingeschnittene Zwiebel zugeben, kurz dünsten, dann erst das Fleisch salzen.
Etwas heißes Wasser aufgießen, kleingeschnittene Pilze dazugeben und gar schmoren. Das Fleisch herausnehmen, die Soße mit in Sahne verquirltem Mehl eindicken. Aufkochen.
Mit Reis servieren.

Paprikahähnchen

1 Hähnchen, 1 Zwiebel, 50 g Butter, 40 g Mehl, 1/4 l Schlagsahne, edelsüßer Paprika, Salz

Das Hähnchen portionieren, salzen.
Kleingehackte Zwiebel in Butter dünsten, das Fleisch darin von allen Seiten anbraten. Mit Paprika bestäuben, etwas Wasser zugießen, gar schmoren. Das Fleisch herausnehmen, von den Knochen lösen.
Den Bratensaft mit in Sahne verquirltem Mehl eindicken, aufkochen, die Fleischstücke reinlegen.
Mit Semmelknödeln servieren.

Hähnchen mit Gemüsepaste

1 Hähnchen, Salz, Pfeffer, scharfes Paprikapulver, 1 Paprikaschote, 1 Bund Frühlingszwiebeln, 3 EL Butter, 2 Knoblauchzehen, Öl, edelsüßes Paprikapulver, 1 EL Honig

Das Hähnchen salzen und pfeffern. Außen kräftig mit scharfem Paprika einreiben.
Paprikaschote mit Frühlingszwiebeln in sehr feine Würfel schneiden. Mit weicher Butter vermischen. Die Knoblauchzehen darüber auspressen, salzen und pfeffern.
Die Gemüsepaste in das Hähnchen streichen, die Öffnung zunähen. Braten. 15 Minuten vor Bratende mit einer Marinade aus Öl, Paprika und Honig bepinseln.

Reibteig mit Hühnerfleisch (Trochánek)

250 g Hähnchenmägen, 250 g Hähnchenherzen, Suppengrün, Salz

Für den Reibteig: 2 Eier, 12 EL Instant Mehl

Das Fleisch mit Suppengrün garkochen, kleinschneiden. Die Brühe kräftig mit Maggi Suppenwürze abschmecken.
Die Eier und Mehl zu einem sehr festen Teig verarbeiten (möglichst ohne Wasser), 1 Stunde kühl stellen. Dann auf ein Backblech grob reiben. Im Backofen goldgelb backen.
Den Reibteig in eine Kasserolle zerbröckeln, die würzige Brühe und das Fleisch dazugeben, so daß die Brühe etwa 1 Finger hoch über dem Teig steht. Verrühren, nochmals mit Maggiwürze abschmecken.
In Backofen ca. 1 Stunde backen.

Gebratene gefüllte Pute

1 Pute (3 kg), Salz, 100 g Butter, 100 g Speck, 20 g Mehl
Für die Fülle: 60 g Butter, 4 Sardellenfilets, 2 Eier, 1 Eigelb, 500 g Schweinehack, 1 Putenleber, Pfeffer, geriebene Zitronenschale, 60 g Semmelbrösel

Die Pute mit Speckstreifen spicken, salzen.
Für die Fülle Sardellenbutter zubereiten. Die Sardellenbutter mit Eiern, Eigelb, Schweinehack, kleingehackter Leber und Semmelbröseln vermischen. Mit Pfeffer und Zitronenschale würzen.
Die Pute füllen, die Öffnung zunähen. Die Butter zerlassen und die Pute damit bepinseln. In den Bräter legen, etwas Wasser zugießen, braten. Während des Bratens mit eigenem Saft begießen.
Die gare Pute herausnehmen, den eingedampften Saft leicht mit Mehl bestäuben, bräunen, mit heißem Wasser verdünnen und kurz aufkochen.
Mit Salzkartoffeln und Kompott servieren.

Gebratene Ente >

Schmiechtaler
pils
u Kalicha

Gebratene Gans oder Ente

1 Gans, Salz, Kümmel, 10 g Mehl

Die vorbereitete Gans salzen und reichlich mit Kümmel bestreuen. Mit der Bauchseite in den Bräter legen, etwas Wasser zugießen und braten. Unter den Keulen und an der Brust anstechen, damit das Fett auslaufen kann. Während des Bratens mit Bratensaft übergießen. Für 1 kg Fleisch rechnet man 1 Stunde Bratzeit.
Wenn zuviel Gänsefett vorhanden ist, dann vom Bratensaft abschöpfen. Die gare Gans herausnehmen. Den restlichen Saft eindampfen, leicht mit Mehl bestäuben, bräunen, etwas Wasser nachgießen und aufkochen lassen.
Die Gans mit gedünstetem Weißkohl und Semmelknödeln servieren.
Die Ente mit gedünstetem Rotkohl und Kartoffelknödeln servieren.

Überbackene Putenkeulen mit Meerrettich

2 Putenunterkeulen (je 600 g), 2 Bund Suppengrün, 1 Petersilienwurzel, 2 Zwiebeln, 3 EL Öl, Salz, Pfeffer, 2 Lorbeerblätter

Für die Paste: 130 g frischer Meerrettich, 1 unbehandelte Zitrone (Saft und Schale), Salz, Pfeffer, 2 Bund Petersilie, 2 Eigelb, 3 EL Creme fraiche, 4 EL Semmelbrösel, Worcestersauce

Suppengrün und Petersilienwurzel kleinschneiden, Zwiebeln vierteln.
Öl erhitzen, Gemüse darin andünsten. 2 l Wasser angießen, Salz, Pfeffer und Lorbeerblätter zufügen. Zugedeckt 15 Minuten köcheln.
Putenkeulen hineingeben, etwa 1 1/4 Stunde ziehen lassen.
Inzwischen die Paste zubereiten. Den geriebenen Meerrettich mit etwas Zitronensaft und reichlich abgeriebener Zitronenschale verrühren, salzen und pfeffern. Kleingehackte Petersilie untermischen. Eigelb, Creme fraiche und Semmelbrösel unterrühren. Mit Worcestersauce abschmecken.
Fertige Keulen aus dem Sud nehmen. Auf ein mit Alufolie belegtes Blech setzen, dick mit der Paste bestreichen. Im Backofen oder unterm Grill 10 Minuten überbacken.

Gänse- oder Entenklein mit Sahnesoße

1 Gänse- oder Entenklein, 1 Zwiebel, Salz, 100 g Wurzelgemüse, Pfefferkörner, 80 g Butter, 50 g Mehl, 1/4 l Sahne, gemahlener Ingwer, Petersilie

Das Geflügelklein, Magen und Herz kleinschneiden, mit etwas Wasser übergießen, salzen. Zwiebel sowie kleingeschnittenes Wurzelgemüse und Pfefferkörner zugeben. Gardünsten.
Aus zwei Dritteln Butter und Mehl eine helle Mehlschwitze zubereiten. Mit einem Teil der Brühe und mit Sahne verrühren, aufkochen lassen. Durch ein Sieb passieren. Ingwer, kleingehackte Petersilie und Rest der Butter zugeben.
Das Fleisch in die Soße legen und erwärmen.
Mit Nudeln oder Reis servieren.

Ente mit Pilzen

1 Ente, Salz, Pfeffer, Thymian, 1 große Zwiebel, Öl, 500 g Champignons, 1/2 l Rotwein, Petersilie, Senf, 1/8 l Sahne

Die Ente portionieren, salzen und pfeffern. In einer Pfanne Öl erhitzen, das Fleisch von beiden Seiten scharf anbraten, herausnehmen, in einen Bräter legen.
Im Bratfett kleingeschnittene Zwiebel und blättrig geschnittene Champignons andünsten, salzen und pfeffern. Nach 5 Minuten mit Thymian bestreuen, den Rotwein zugießen.
Den Inhalt der Pfanne zum Fleisch geben, im Ofen braten.
Das gare Fleisch herausnehmen, warm stellen. Die Bratsoße mit Petersilie und Senf würzen, Sahne zugießen, aufkochen lassen.
Mit Semmelknödeln servieren.

Senfkaninchen

1 Kaninchen, Salz, Pfeffer, 2 Möhren, 1 kleine Sellerie, 3 Petersilienwurzel, Thymian, 1 Lorbeerblatt, 60 g Butter, 0,1 l Weißwein, 1/8 l Sahne, 100 g Senf

Das Kaninchen portionieren, salzen, pfeffern, mit zerlassener Butter bepinseln.

Im Ofen 30 Minuten braten, während des Bratens mit heißem Wasser begießen.
Das Fleisch nach 30 Minuten mit Senf bestreichen. Kleingeschnittene Zwiebel sowie Wurzelgemüse, Thymian und Lorbeerblatt zufügen, fertig braten.
Das gare Fleisch herausnehmen. Zu dem Bratensaft Wein und Sahne zugießen, aufkochen lassen. Die Soße durch ein Sieb passieren, nachwürzen.

Geschmortes Kaninchen

1 Kaninchen, 100 g Speck, 1 große Zwiebel, 3 EL Butter, 1 Lorbeerblatt, Thymian, 6 Pfefferkörner, 6 Pimentkörner, 1 Stück Zitronenschale, Salz, 1 EL Mehl, Essig, Zucker

Das Kaninchen zerteilen. Den Speck und die Zwiebel kleinschneiden. Den Speck ausbraten, 1 EL Butter zugeben und die Zwiebel darin glasig braten. Die Gewürze, Zitronenschale und Salz zugeben.
Die Kaninchenteile einlegen und so viel warmes Wasser zugießen, daß das Fleisch knapp bedeckt ist. Schmoren lassen. Die übrige Butter zerlassen, Mehl zufügen und glatt rühren. Nach und nach mit der Kochflüssigkeit aufgießen, bis eine dicke Soße entsteht. Mit Essig und Zucker abschmecken und unter Rühren 5 Minuten kochen lassen. Die restliche Kochflüssigkeit in die Soße seihen, aufkochen lassen und über das Fleisch gießen.

Hasenkeulen mit Knoblauch

4 Hasenkeulen, 40 g Speck, 3 Knoblauchzehen, Salz, Pfeffer, 50 g Schmalz, 2 Zwiebeln, 40 g Mehl

Das Fleisch mit Speckstreifen durchziehen. Mit in Salz zerriebenem Knoblauch bestreichen, pfeffern.
Die feingeschnittenen Zwiebeln in Schmalz rösten, das Fleisch darauflegen, von beiden Seiten anbraten. Etwas Wasser zugießen, garschmoren lassen.
Das Fleisch herausnehmen, den Saft eindampfen, mit Mehl anschwitzen, nach Bedarf mit Fleischbrühe verdünnen, aufkochen lassen. Die Soße durch ein Sieb passieren.

Rehrücken mit Champignons

500 g Rehrücken, Salz, 80 g Butter, 30 g Speck, 1 Zwiebel, 3 Pfefferkörner, 1 Lorbeerblatt, 1/8 l Weißwein, 1/4 l saure Sahne, 30 g Mehl, 200 g Champignons, Essig, 100 g Möhren

Das Fleisch häuten, salzen, in Butter von allen Seiten anbraten.
Den gewürfelten Speck, kleingeschnittene Zwiebel und Gewürze zugeben. Etwas Wasser zugießen, schmoren lassen. Nach und nach Wasser mit Wein zugießen.
Das gare Fleisch herausnehmen. Den Saft mit der Sahne und Mehl andicken, aufkochen lassen. Die in Scheiben geschnittenen Champignons und gewürfelten Möhren in Essigwasser kochen, dann in die Soße geben.
Mit Semmelknödeln servieren.

Rehkeule mit Sahnesoße

1 kg Rehkeule, 50 g Speck, Salz, 1 Zwiebel, 150 g Wurzelgemüse, 80 g Butter, 4 Pfefferkörner, 2 Pimentkörner, 2 Wacholderbeeren, 1 Lorbeerblatt, 50 g Mehl, Fleischbrühe, 1/4 l Sahne, Zitrone, Zucker, Essig

Das enthäutete Fleisch mit Speckstreifen durchziehen, salzen.
Kleingeschnittene Zwiebel und Wurzelgemüse in Butter rösten.
Das Fleisch darauflegen, von allen Seiten anbraten. Etwas Brühe und die Gewürze zufügen, im Ofen braten. Während des Bratens mit Bratensaft übergießen.
Das gare Fleisch herausnehmen. Den eingedampften Saft mit Mehl anschwitzen, mit Brühe und Sahne verrühren. Zitronenschale zugeben und aufkochen lassen.
Die Soße durch ein Sieb passieren, mit Zucker, Salz, Zitronensaft oder Essig abschmecken.
Mit Semmelknödeln und Preiselbeerkompott servieren.

Kartoffelpuffer

Kartoffelpuffer (Bramborák)

1 kg Kartoffeln, 1/2 Tasse Milch, 2 Eier, Salz, Pfeffer, Majoran, 4 Knoblauchzehen, 150 bis 200 g Mehl, Schmalz oder Öl zum braten

Die rohen Kartoffeln reiben. Die Masse leicht ausdrücken, Kartoffelsaft abgießen, heiße Milch nachfüllen. Die Eier, Gewürze und in Salz zerriebenen Knoblauch zufügen. Den Teig mit Mehl andicken. Den Teig mit einem Löffel ins erhitzte Schmalz in der Pfanne geben und flachdrücken. Auf beiden Seiten knusprig braten und sofort heiß servieren.

Kartoffelplätzchen mit Grieben

500 g Kartoffeln, 500 g griffiges Mehl, Salz, 120 g Grieben, 2 Eier

Die Kartoffeln mit der Schale gar kochen, heiß pellen und durchpressen. Salz, Eier, Mehl und kleingehackte Grieben zugeben und alles zu einem festen Teig verarbeiten.
Den Teig mit dem Nudelholz ausrollen. Plätzchen ausstechen, auf ein gefettetes Backblech legen und im Backofen goldgelb backen.
Mit Spinat oder zu Gemüse servieren.

Kartoffelpizza

2 kg Kartoffeln, 6 Eigelb, 2 Becher saure Sahne, Salz, Pfeffer, Paprikapulver, Majoran, 3 Knoblauchzehen, je 2 rote und grüne Paprikaschoten, 100 g Frühstücksspeck, Fett für die Form

Kartoffeln schälen und grob raspeln. Mit Eigelb, saurer Sahne und Gewürzen vermengen. Pikant abschmecken.
Paprikaschoten in feine Streifen schneiden. Zu den Kartoffelraspeln geben und untermengen.
Eine Bratpfanne ausfetten. Der Kartoffelteig daraufgeben. Frühstücksspeck halbieren und auf den Teig legen.
Die Kartoffelpizza im vorgeheizten Ofen 50–60 Minuten backen.

Kartoffelsterz (Škubánky)

1 kg Kartoffeln, 200 g griffiges Mehl, 100 g Schmalz

Geschälte, in Würfel geschnittene Kartoffeln in Salzwasser halbgar kochen. Das Kochwasser abgießen, zur Seite stellen. Die Kartoffeln glatt streichen. Mit dem Kochlöffelstiel einige Löcher einstechen, diese mit Mehl auffüllen. Mit der Hälfte des Kochwassers übergießen, den Topfdeckel aufsetzen, am Herdrand stehen lassen.
Nach Eindampfen des Mehls (etwa 10 Minuten) restliches Wasser abgießen und Kartoffeln glatt verrühren.
Mit in zerlassenes Schmalz getauchtem Löffel Nocken ausstechen. Mit gemahlenem Mohn und Zucker bestreuen, mit zerlassener Butter beträufeln.
Man kann die Nocken auch im Schmalz goldbraun braten.

Pilzauflauf (Hubnik)

300 g frische Pilze, 100 g Butter, 3 Brötchen, etwas Milch, 3 Eier, Salz, 2 Knoblauchzehen, Pfeffer, 20 g feiner Grieß

Die Pilze in Scheiben schneiden und mit etwas Butter kurz dünsten. Die Brötchen ebenfalls in Scheiben schneiden, mit Milch beträufeln. In einer Schüssel etwa 50 g Butter verrühren. Die verquirlten Eier, ausgedrückten Brötchen, Pilze, in Salz zerriebenen Knoblauch und Pfeffer untermischen, mit Grieß andicken.
Die Masse in eine gefettete Auflaufform geben, mit der restlichen zerlassenen Butter beträufeln und im Ofen goldbraun backen.

Pilzauflauf mit Graupen (Kuba)

300 g Perlgraupen, 50 g getrocknete Pilze, 1 Zwiebel, 3 Knoblauchzehen, Majoran, Salz, Pfeffer, 30 g Schweineschmalz, 30 g Butter

Die Pilze 1 Stunde im Wasser einweichen. Die gewaschenen Graupen im Salzwasser garkochen. Die trockengedrückten Pilze in etwas Schmalz mit kleingeschnittener Zwiebel dünsten, hacken und mit den Graupen vermischen. Den mit

etwas Salz zerdrückten Knoblauch, Majoran, Salz und Pfeffer zugeben.
In eine gefettete Auflaufform geben, mit zerlassener Butter beträufeln. Im Ofen 30 Minuten backen. Mit Gewürzgurke reichen.

Panierte Champignons

250 g Champignons, 2 Eier, Mehl, Semmelbrösel, Salz, Öl, Pfeffer

Die Champignons unter Fließwasser abbürsten, trockentupfen. Große Pilze halbieren. Salzen.
Dann in Mehl, anschließend in mit Salz und Pfeffer verquirlten Eiern und schließlich in Semmelbröseln wälzen.
In erhitztem Öl goldbraun backen.
Mit Salzkartoffeln, Knoblauchbutter und Zitronenscheiben servieren.

Panierte Champignons

Gedünstete Pilze mit Eiern

500 g frische Pilze, 50 g Butter, 1 Zwiebel, Salz, Pfeffer, Kümmel, 4 Eier

Die geputzten Pilze in Scheiben schneiden. Kleingeschnittene Zwiebel in Butter anrösten, Pilze, Kümmel, Salz und Pfeffer zugeben, dünsten. Zum Schluß die verquirlten Eier unterziehen, rühren, bis sie gestockt sind.
Mit Bauernbrot reichen.

Käsenocken

1/4 l Milch, 60 g griffiges Mehl, Salz, Paprikapulver, Muskat, 200 g Emmentaler, 4 Eier, Öl

Milch erwärmen, Mehl unterrühren, eindicken lassen. Abkühlen. Salzen, mit Paprikapulver und Muskat würzen.
Käse würfeln, mit Eiern in den Brei geben, gut vermischen.
Mit einem Löffel Nocken ausstechen in erhitztem Öl goldgelb braten.
Mit Gemüsesalat servieren.

Roquefortfrikadellen

200 g Roquefort, 3 EL Semmelbrösel, 3 EL Milch, Salz, Pfeffer, Worcestersauce, 50 g Butter, 2 Eier, Öl

Die weiche Butter mit etwas Salz verrühren.
Semmelbrösel mit Milch beträufeln, Käse feinreiben. Alles mit der Butter zusammenmischen, Eier zufügen. Mit Pfeffer und Worcestersauce würzen.
Nach Bedarf Semmelbrösel zugeben.
Flache Frikadellen formen, in erhitztem Öl goldgelb braten.
Mit Kartoffelpüree servieren.

Powidltascherl

600 g Kartoffeln, Salz, 1 Ei, 60 g Grieß, 200 g griffiges Mehl, Pflaumenmus, Zucker, Reibquark, Butter

Die Kartoffeln kochen, pellen, abkühlen lassen. Dann reiben, salzen.
Grieß, Mehl und Ei zugeben, zu einem festen Teig verarbeiten. Sofort mit dem Nudelholz dünn ausrollen. Mit einem Teigrädchen in 8 mal 8 cm große Quadrate schneiden. In die Mitte etwa 1 EL Pflaumenmus geben. Die Quadrate zu Rechtecken zusammenklappen und die Ränder festdrücken.
Die Powidltascherl in reichlich kochendes Salzwasser geben und 10 Minuten köcheln lassen.
Mit Zucker und Reibquark bestreuen und mit zerlassener Butter beträufeln.

Reibquark

Weil in Deutschland fertiger Reibquark nicht im Handel ist, kann man ihn selber zubereiten.
Man braucht 1 Packung Schichtkäse. Den Käse in einem Topf erwärmen, ein paar Minuten köcheln lassen. Die Flüssigkeit abgießen. Die Quarkmasse in einem Tuch auswringen.
Den enstandenen Reibquark 1 Stunde kalt stellen, dann reiben.
Diesen Reibquark reichen wir zu allen Obstknödeln.

Geröstete Knödel mit Ei

8 Scheiben Semmelknödel, 1 Zwiebel, 40 g Butter, 4 Eier, Salz, Pfeffer

Die Semmelknödel würfeln, die Zwiebel kleinschneiden. Beides in die erhitzte Butter geben, unter mehrmaligem Wenden knusprig braten. Die Eier verquirlen, kräftig salzen und pfeffern, über die Knödel gießen. Bei kleiner Hitze stocken lassen. Mit Gewürzgurke servieren.

Semmel- und Kartoffelknödel

Semmelknödel I.

2 Brötchen, 30 g Butter, 400 g griffiges Mehl, 3/4 Packung Backpulver, 1 Ei, Salz, 0,2 l Milch oder Wasser

Brötchen würfeln, in Butter leicht rösten.
In eine Schüssel Mehl mit dem Backpulver sieben. Ei, Salz, Milch oder Wasser zugeben. Zu einem glatten Teig verarbeiten. Anschließend die Brötchenwürfel untermengen. Einige Zeit stehen lassen. Mit nassen Händen zwei Laibe formen, in sprudelndes Salzwasser geben. 20 Minuten kochen lassen, in der Hälfte der Kochzeit wenden. Mit einem breiten Schaumlöffel herausnehmen. Mit einem Zwirnfaden oder Elektromesser in Scheiben schneiden.

Semmelknödel II.

6 altbackene Brötchen, 120 g Grieß, 100 g Mehl, 1/4 l Milch, 2 Eier, 40 g Butter, Salz

Die Brötchen würfeln. Grieß, Mehl, Milch, Eier und Butter mit dem Handrührgerät verrühren. Die Brötchenwürfel daruntermischen. Der Teig ist sehr bröckelig. 30 Minuten quellen lassen.
Vier Liter Wasser mit Salz zum Kochen bringen.
Aus dem Teig mit nassen Händen zwei längliche Knödel formen. Im siedenden Wasser 30 Minuten garziehen lassen. Nach 15 Minuten die Knödel wenden. Dann herausnehmen, einige Minuten ruhen lassen.
Mit Zwirnfaden oder Elektromesser in Scheiben schneiden.

Serviettenknödel

300 g Brötchen, 30 g Butter, 300 g Mehl, 3 Eier (getrennt), Salz, 1/4 l Milch

Die Brötchen würfeln, in Butter goldgelb rösten. Abkühlen lassen. Mehl mit Eigelb und Salz verrühren, die Milch nach und nach untermischen. Den Teig mit den Knethaken des

Handrührgeräts durchkneten, dann die Brötchenwürfel unterheben.
Eiweiß sehr steif schlagen, unter den Teig heben (nicht rühren). Eine Serviette mit kaltem Wasser anfeuchten und gut auswringen. Die Knödelmasse in Laibform in die Mitte der Serviette geben. Die Serviette zusammenrollen, die beiden Enden mit Bindfaden fest zubinden.
Die Serviettenrolle in reichlich kochendes Salzwasser geben und zugedeckt 1 Stunde sieden lassen.
Den Knödel aus der Serviette nehmen und mit einem Faden in Scheiben schneiden.

Kartoffelknödel

600 g Kartoffeln, Salz, 100 g Grieß, 1 Ei, 100 g griffiges Mehl

Die Kartoffeln kochen, pellen, noch heiß reiben. Mit Mehl und Grieß vermischen, salzen. Ei und eine Messerspitze Backpulver zufügen. Rasch zu einem Teig verarbeiten. Längliche Knödel formen, im kochenden Salzwasser 15–20 Minuten kochen. Mehrmals wenden.
Die garen Knödel herausnehmen und mit Zwirnfaden in Scheiben schneiden.

Kartoffelknödel mit Semmeln

500 g Kartoffeln, 80 g Grieß, 70 g Kartoffelmehl, 2 Eigelb, 1 TL Salz, 1 Prise Backpulver, 10 g Butter, 2 Brötchen

Kartoffeln kochen, pellen, sofort reiben. Grieß, Kartoffelmehl, Eigelb, Backpulver und Salz zugeben. Rasch zu einem Teig verarbeiten. Brötchen würfeln, im Butter anrösten, abkühlen lassen. Unter den Teig mischen. Zwei längliche Knödel formen. Im kochenden Salzwasser 18 Minuten kochen. Zwischendurch wenden.
Die garen Knödel herausnehmen, mit Zwirnfaden in Scheiben schneiden.

Speckknödel

6 altbackene Brötchen, 100 g Speck (oder gekochtes Rauchfleisch), 1/4 l Milch, 2 Eigelb, 50 g griffiges Mehl, 30 g Butter, Salz

Aus Milch, Eigelb, Salz und Mehl einen Teig zubereiten, einige Zeit stehen lassen.
In Butter geröstete Brötchenwürfel mit zerlassenen Speckwürfeln zusammenmischen. Unter den Teig mischen. Aus dem Teig runde Knödel formen. In kochendem Salzwasser 10–15 Minuten kochen.
Mit zerlassenen Speckwürfeln und Sauerkraut reichen.

Hefeknödel

Für den Vorteig: 10 g Hefe, 10 g Zucker, 1/16 l Milch, 30 g Mehl

Für den Teig: 500 g Mehl, 2 Eier, 1 Eigelb, 40 g Zucker, Salz, 1 TL Zitronenschale, 100 g Butter, 1/8 l Milch

Zum Garnieren: 150 g Butter, 50 g gemahlener Mohn, 30 g Puderzucker, 450 g Pflaumenmus

Für den Vorteig die Hefe in eine Schüssel krümmeln, Zucker zugeben, lauwarme Milch darübergießen. Vermischen, dann das Mehl unterrühren. Zudecken, warm stellen, gehen lassen.
Für den Teig das Mehl in eine Schüssel geben. Eier, Eigelb, Zucker, 1 Prise Salz, Zitronenschale und Butter dazugeben.
Zuerst den Vorteig, dann die lauwarme Milch zum Teig geben. Alle Zutaten zu einem Teig verkneten. Leicht mit Mehl bestäuben und gehen lassen. Wenn sich das Teigvolumen fast verdoppelt hat, auf dem bemehlten Holzbrett zusammendrücken und zu einer Rolle formen. Zudecken, 10 Minuten gehen lassen. Die Teigrolle in gleiche Stücke schneiden, jedes Stück zu einer Kugel formen. Auf ein bemehltes Holzbrett setzen, zudecken und nochmals gehen lassen.
Die Knödel in das kochende Salzwasser legen und im geschlossenen Topf 20 Minuten garen.
Die gare Knödel herausnehmen, mit zwei Gabeln etwas auseinanderziehen. Mit Mohn und Puderzucker bestreuen, mit flüssiger Butter begießen.
Heiß mit Pflaumenmus servieren.

Hefeknödel mit Heidelbeeren

10 g Hefe, 1 TL Zucker, 1/4 l Milch, 500 g griffiges Mehl, 1 Prise Salz, 1 Ei, frische Heidelbeeren, zum Bestreuen Reibquark und Zucker, Butter

Die Hefe und Zucker in eine Tasse lauwarme Milch geben, verrühren und gehen lassen.
In eine Schüssel Mehl sieben, Salz, Vorteig und Ei zugeben. Löffelweise Milch zufügen, alles mit einem Kochlöffel zu einem Teig verarbeiten. Den Teig zugedeckt etwa 1 Stunde gehen lassen. Aus dem Teig gleiche Stücke entnehmen, jedes zu einem Viereck ausziehen. Darauf 1 EL Heidelbeeren legen, den Teig darüberziehen und zu einer Kugel formen.
Die gefüllten Knödel auf einem mit Mehl bestäubten Holzbrett mit einem Tuch zudecken und noch einmal 15 Minuten gehen lassen. Dann im kochenden Salzwasser kochen lassen. Nach 4 Minuten mit einem Deckel zudecken. Wenn die Knödel auf der Oberfläche schwimmen, Deckel abheben, Knödel wenden und noch 4 Minuten kochen lassen.
Die fertigen Knödel vorsichtig herausnehmen. Jeden Knödel mit der Gabel anstechen, damit der Dampf entweicht.
Mit Zucker und Reibquark bestreuen, mit zerlassener Butter beträufeln.

Hefeknödel mit Heidelbeeren

Obstknödel aus Quarkteig

200 g Quark, 50 g Butter, 1 Prise Salz, 1 Ei, 1/4 l Milch, 500 g griffiges Mehl, etwa 500 g Kirschen, Aprikosen oder Erdbeeren, Puderzucker, Reibquark, Butter

Butter, Salz und Ei schaumig rühren. Langsam Quark, Milch und Mehl zugeben. Den Teig durcharbeiten. Eine Rolle formen. Die Teigrolle in gleichgroße Stücke schneiden. In jedes Stück etwas Obst einlegen, runde Knödel formen. Die Knödel ins kochende Salzwasser legen, je nach Größe 5–8 Minuten kochen. Einen Knödel zur Probe herausnehmen und aufreißen.
Mit Zucker und Quark bestreuen, mit brauner Butter beträufeln.

Brandteigknödel

1/2 l Milch, 100 g Butter, 1 Prise Salz, 350 g griffiges Mehl, 4 Eier, 500 g Pflaumen oder Aprikosen, Reibquark, Zucker, Butter

Die Milch mit der Butter und Salz aufkochen. Das Mehl zugeben und auf kleiner Flamme rühren, bis ein dicker Kloß entsteht, der weder am Kochlöffel noch im Topf klebt. In den abgekühlten Teig nach und nach die Eier unterrühren.
Auf einem bemehlten Holzbrett den Teig dünn ausrollen, in Vierecke schneiden und das Obst einwickeln.
Dieser Teig eignet sich für festes Obst mit Stein, weil die Früchte nur mit einer dünnen Teigschicht bedeckt werden können.
In kochendes Wasser legen, 5–8 Minuten kochen.
Mit geriebenem Quark und Zucker bestreuen, mit zerlassener Butter beträufeln.

Zwetschgenknödel

2 große gekochte Kartoffeln, 250 g griffiges Mehl, 1 Ei, Salz, 1/16 l Milch, Zwetschgen, Reibquark, Zucker, Butter

Die einen Tag zuvor gekochten Kartoffeln schälen, reiben und mit Mehl, Salz, Ei und Milch zu einem festeren Teig verarbeiten.

Eine Rolle formen, in kleine Stücke schneiden. In jedes Stück eine Zwetschge einwickeln.
In kochendes Salzwasser legen, etwa 7 Minuten kochen.
Mit Quark und Zucker bestreuen, mit zerlassener Butter übergießen.

MEHLSPEISEN, GEBÄCK UND WEIHNACHTSGEBÄCK

Osterbrot (Mazanec)

500 g halbgriffiges Mehl, 120 g Butter, 100 g Zucker, 3 Eigelb, 35 g Hefe, 3/16 l Milch, Salz, 30 g Mandeln, 40 g Rosinen, Vanillezucker, abgeriebene Zitronenschale, 1 TL Rum, 1 Ei zum Bestreichen, Fett für das Backblech

Aus einem Teil der lauwarmen Milch, der Hefe und 1 TL Zucker den Vorteig anrühren, gehen lassen.
In eine Schüssel Mehl und Zucker sieben, etwas Salz, Zitronenschale, Vanillezucker und Rum zugeben. Den Vorteig und die in Milch und zerlassener Butter verquirlten Dotter zufügen. Zu einem Teig verrühren.
Den Teig auf ein Holzbrett legen, die Rosinen und die abgezogenen, gehackten Mandeln hineinarbeiten. Dann in eine Schüssel legen, mit einem Tuch zudecken und ca. 1 Stunde gehen lassen.
Aus dem Teig einen runden Laib formen, auf ein gefettetes Blech legen und mit verquirltem Ei bestreichen. Mit einem scharfen Messer in der Mitte des Brotes ein Kreuz einschneiden, mit abgezogenen Mandeln bestreuen. Langsam ca. 1 Stunde backen.

Osterlämmchen

125 g Butter, 2 EL Honig, 125 g Zucker, 3 Eigelb, Vanillenzucker, 20 g Hefe, Salz, 1 Tasse Milch, 350 g halbgriffiges Mehl, 50 g Rosinen, 50 g Mandeln, Semmelbrösel und Butter für die Form

Aus einem Teil der lauwarmen Milch, Hefe und 1 TL Mehl den Vorteig anrühren, gehen lassen.
Die weiche Butter mit Honig, Zucker und Eigelb schaumig rühren.
Salz, Vanillezucker und den Vorteig zufügen. Nach und nach das Mehl und die Milch unterrühren. Zuletzt die Rosinen und die abgezogenen, gehackten Mandeln hineinarbeiten.
Beide Hälften der Lämmchenform mit Butter ausstreichen und mit Semmelbrösel bestreuen.

Den Teig in eine Hälfte der Form füllen, ca. 1 Stunde gehen lassen. Dann die zweite Formhälfte darauflegen und langsam backen. Zwischendurch die Form wenden.
Das fertige Lämmchen mit Zucker bestreuen, als Augen Rosinen verwenden und um den Hals ein Schleifchen binden.

Osterlämmchen

Gefüllte Buchteln

20 g Hefe, 50 g Zucker, 1/4 l Milch, 500 g Mehl, 1 Vanillezucker, Salz, abgeriebene Schale von 1 Zitrone, 2 Eigelb, 50 g Butter, 100 g Butter zum Bestreichen, Puderzucker zum Bestreuen

In einer Tasse die Hefe mit 1 TL Zucker, 2 EL Milch und 1 EL Mehl verrühren, gehen lassen.
In eine Schüssel Mehl und Zucker sieben, Salz, Zitronenschale, den Vorteig und abwechselnd lauwarme Milch mit verquirltem Eigelb, Mehl und zuletzt zerlassene Butter zugeben.
Den Teig schlagen, bis er Blasen wirft. Zugedeckt etwa 1 Stunde gehen lassen.
Dann den Teig in gleichgroße Stücke schneiden. Aus den Stücken kleine Plätzchen formen, in die Mitte eine der nachfolgenden Füllen geben, die Enden zusammendrücken und mit der Naht auf den Boden einer eingefetteten Fettfpanne legen. Jede Buchtel von allen Seiten mit zerlassener Butter bestreichen.
Wenn die Pfanne gefüllt ist, alle Buchteln nochmals mit Butter bestreichen. Etwa 45 Minuten im Backofen backen.
Vor dem Servieren mit Puderzucker bestäuben.

Pflaumenmusfülle:
200 g Pflaumenmus, abgeriebene Zitronenschale, Vanillezucker, 1 TL Rum. Das Pflaumenmus mit etwas Wasser erwärmen, mit Zitronenschale, Vanillezucker und Rum abschmecken.

Mohnfülle:
150 g Mohn, 1/3 l Milch, 80 g Zucker, 20 g Butter, etwas Zitronenschale, 1 TL Rum

Den Mohn mahlen, mit Milch, Zucker und Butter verrühren. In einem Topf unter Rühren dünsten lassen. Mit Zitronenschale und Rum abschmecken.

Quarkfülle:
300 g Quark, 30 g Butter, 2 Eigelb, 50 g Zucker, Vanillezucker, 2 EL Milch, 20 g Rosinen, 2 Eiweiß

Die Butter mit Eigelben und Zucker verrühren. Quark und Milch zugeben. Zuletzt die Rosinen und den geschlagenen Eischnee untermischen.

Gugelhupf mit Mohnfülle

120 g Butter, 140 g Zucker, 6 Eigelb, Salz, abgeriebene Zitronenschale, 30 g Hefe, 1/4 l Milch, 500 g halbgriffiges Mehl, 50 g Mandeln, etwas Butter, Fett und Semmelbrösel für die Form

Für die Fülle: 120 g gemahlener Mohn, 1 Tasse Milch, 50 g Zucker, je eine Prise Zimt und Vanillezucker, 20 g Butter

Die Butter mit dem Zucker schaumig rühren, ein Eigelb nach dem anderen zugeben. Salz, Zitronenschale und den Vorteig zufügen. Für den Vorteig zuvor die Hefe mit 1 TL Zucker, 2 EL Milch und 1 TL Mehl verrühren, anschließend gehen lassen.
Zuletzt abwechselnd lauwarme Milch und Mehl unter den Teig rühren. Gut durcharbeiten, zudecken, etwa 1 Stunde gehen lassen.
Inzwischen den Mohn mit Milch, Zucker, Gewürzen und Butter auf kleiner Flamme verrühren.
Eine Backform einfetten, mit Semmelbröseln bestreuen. Den Boden mit in Scheiben geschnittenen Mandeln belegen. Die Hälfte des Teiges in die Form geben, darauf die Mohnfülle verteilen und mit der anderen Hälfte des Teiges bedecken.
In der Form noch 30 Minuten gehen lassen.
Mit zerlassener Butter bestreichen und im Backofen etwa 50 Minuten backen.
Warm stürzen, mit Puderzucker bestreuen.

Feiner Gugelhupf

125 g Butter, 240 g Zucker, abgeriebene Zitronenschale, 1/4 l Sahne, 5 Eigelb, 420 g griffiges Mehl, Eiweiß von 5 Eiern, 1 Backpulver, 60 g Schokolade oder 15 g Kakao, 1 EL Zitronensaft, Butter und Semmelbrösel für die Form

Die Butter schaumig rühren. Nach und nach Zucker, Eigelb und Zitronensaft zugeben. Dann abwechselnd die Hälfte des Mehls und die ganze Sahne zufügen. Das restliche Mehl mit Backpulver vermischen.
Aus Eiweiß steifen Schnee schlagen und abwechselnd mit dem Mehl zu dem Teig geben.
Alles leicht verrühren. Den Teig in drei Teile aufteilen. Den ersten Teil in die gefettete, mit Semmelbröseln ausgestreute Backform gießen. In den zweiten Teig geraspelte Schokolade

Gugelhupf mit Mohnfülle

oder Kakao untermischen. Damit die Form füllen. Anschließend den dritten Teig in die Form gießen.
Im Backofen etwa 1 Stunde backen. Ausgekühlt stürzen, mit Puderzucker bestäuben.

Liwanzen (Lívance)

250 g Mehl, 1/2 l Milch, 15 g Hefe, 30 g Zucker, Salz, abgeriebene Zitronenschale, 1 Ei, 100 g Butter, Konfitüre, geriebener Quark

Ein Teil der lauwarmen Milch, Hefe, 1 TL Zucker und etwas Mehl verrühren, gehen lassen.
Dann Salz, Zitronenschale, Ei, den restlichen Zucker und abwechselnd Milch und Mehl zugeben. Alles zu einem glatten Teig verrühren.
Mit einem Tuch bedecken und 30 Minuten gehen lassen.
Eine Pfanne mit der zerlassener Butter ausstreichen. Die Liwanzen darin auf beiden Seiten goldgelb backen.
Die fertigen Liwanzen mit der Konfitüre bestreichen und mit Quark bestreuen.

Dalken (Vdolky)

500 g halbgriffiges Mehl, 50 g Zucker, 1/3 l Milch, 20 g Hefe, Salz, 1 Eigelb, 50 g Butter, Öl zum Ausbacken, Pflaumenmus oder Marmelade, geriebener Quark, 1 Tasse saure Sahne

Aus der Hälfe der lauwarmen Milch, 1 TL Zucker, Hefe und 1 TL Mehl den Vorteig anrühren, gehen lassen.
In eine Schüssel Mehl, Salz, Zucker, den Vorteig und die restliche Milch mit verquirltem Eigelb und zerlassener Butter geben. Alles zu einem glatten Teig verarbeiten. Den Teig 1 Stunde gehen lassen. Dann auf ein Holzbrett geben und mit dem Nudelholz fingerdick ausrollen. Mit einem Glas Plätzchen ausstechen. Auf ein mit Mehl bestäubtes Tuch legen und gehen lassen. Zwischendurch einmal wenden. Dann in erhitztem Fettbad ausbacken. Zunächst zugedeckt lassen, dann den Deckel abnehmen, die Dalken umdrehen und fertig ausbacken. Die Dalken mit Pflaumenmus oder anderer Marmelade bestreichen, mit geriebenem Quark bestreuen und mit Sahne beträufeln.

Dalken

Gefüllte Hefeteilchen (Koláčky)

Teig: 1 kg Mehl, 2 Päckchen Trockenhefe, Salz, 1/2 Zitrone, 150 g Zucker, 1 Vanilleschote, 3 Eigelb, 150 g Butter, 1 TL Rum, 1/2 l Milch

Mohnfülle: 65 g gemahlener Mohn, 1/8 l Milch, 1 EL Zucker, 1/2 TL Kakao, je eine Messerspitze Zimt und Nelkenpulver

Quarkfülle: 125 g Quark (10 %), 2 EL Zucker, 1 Eigelb, 1/2 Vanilleschote, 1/2 Zitrone, 1 Messerspitze Muskat, 20 g Rosinen

Pflaumenmusfülle: 4 EL festes Plaumenmus, etwas Rum, 1/2 Zitrone

Für den Teig Mehl mit Trockenhefe, Salz, abgeriebener Zitronenschale, Zucker und ausgekratztem Vanillemark mischen. Eigelb, weiche Butter, Rum und Milch zugeben. Alles mit den Knethaken des Handrührgerätes zu einem weichen Teig verkneten. Zugedeckt an einem warmen Ort etwa 30 Minuten gehen lassen.

Für die Mohnfülle den Mohn mit Milch, Zucker, Kakao, Zimt und Nelkenpulver bei kleiner Hitze 5 Minuten kochen. Abkühlen lassen.

Für die Quarkfülle den Quark mit Zucker, Eigelb, ausgekratztem Vanillemark, abgeriebener Zitronenschale, Muskat und Rosinen verrühren.

Für die Pflaumenmusfülle das Pflaumenmus mit Rum glattrühren, mit abgeriebener Zitronenschale würzen.

Den Hefeteig in zwei Portionen teilen. Jede Portion auf etwas Mehl zu einem Quadrat von etwa 40 mal 40 cm ausrollen und in 8 mal 8 cm große Quadrate schneiden. Auf jedes Quadrat einen Teelöffel Füllung geben. Die Teigecken etwas auseinanderziehen und jeweils zwei gegenüberliegende Ecken übereinanderschlagen.
Das Gebäck auf ein gefettetes Backblech legen. Noch 15 Minuten gehen lassen. Mit verquirltem Ei bestreichen.
Im Backofen 35 Minuten backen. Die nächsten Bleche brauchen nur 25 Minuten.

Mohn– oder Nußrolle nach Preßburger Art

Für den Teig: 500 g Mehl, 20 g Hefe, 1 EL Zucker, 1 Ei, 125 g weiche Butter, 1 TL Salz, 0,2 l saure Sahne

Für die Mohnfülle: 200 g Zucker, 150 g gemahlener Mohn, 75 ml Milch, 1 TL Zitronenschale, 50 g Rosinen, 75 g Semmelbrösel, 1 Ei zum Bestreichen

Für die Nußfülle: 175 g Zucker, 150 g geriebene Nüsse, 50 ml Milch, 1 Messerspitze Nelken, 1/2 TL Zimt, 1/2 Zitrone (Saft), 75 g Semmelbrösel

Mehl in eine Schüssel geben. Hefe mit Zucker und 50 ml Wasser anrühren. Zusammen mit dem Ei, Butter, Salz und Sauerrahm zum Mehl geben. Gut vermengen, zu einem Teig kneten. Diesen 1 1/2 Stunden gehen lassen. Für die Mohnfülle Zucker und Wasser zu einem Sirup kochen. Mohn, Milch und Zitronenschale zugeben und kurz weiter kochen. Dann die Rosinen einstreuen, die Masse abkühlen lassen. Vor dem Aufstreichen die Semmelbrösel unterziehen.
Für die Nußfülle Zucker mit 50 ml Wasser aufkochen. Nüsse und Milch zufügen. Nelken, Zimt und Zitronensaft unterrühren. Die Masse abkühlen lassen, zuletzt die Semmelbrösel unterziehen.
Den aufgegangenen Teig nochmals durchkneten. Auf bemehlter Arbeitsfläche zu einem Rechteck von 30 mal 40 cm ausrollen. Mohn– oder Nußfülle aufstreichen, auf der Längsseite zusammenrollen. Auf ein gefettetes Blech geben. Nochmals aufgehen lassen. Die Rolle mit einem verquirltem Ei bestreichen. Im Backofen 50 Minuten backen.

Hochzeitskolatschen

500 g Mehl, 1/4 l Milch, 30 g Hefe, 80 g Zucker, 1 Vanillezucker, Salz, 3 Eigelb, Zitronenschale, 100 g Butter, 1 Ei zum Bestreichen

Fülle aus Mohn, Quark und Pflaumenmus wie bei Buchteln.
Aus einem Drittel der lauwarmen Milch, der Hefe und 1 TL Zucker den Vorteig anrühren, gehen lassen.
In eine Schüssel Mehl, Salz und Zucker geben. Den Vorteig, die in der restlichen Milch verquirlten Dotter und Zitronen-

schale zugeben. Zu einem glatten Teig verarbeiten, zudecken und gehen lassen. Dann in kleine Stücke schneiden, jedes Stück zu einem kleinen Küchlein formen und auf ein gefettetes Backblech legen. In jedes Küchlein eine Vertiefung eindrücken, Fülle hineingeben und den Rand mit verquirltem Ei bestreichen. Nochmals gehen lassen.
Im vorgeheitzten Ofen 30 Minuten backen. Noch warm mit Puderzucker bestäuben.

Große Domažlicer Kolatschen

Den Hefeteig wie bei den Hochzeitskolatschen zubereiten.
Aus dem Teig 2 große runde Kuchen mit etwas höheren Rand formen. Auf ein gefettetes Backblech legen.
Mit Mohn-, Quark- und Pflaumenmusfülle abwechselnd belegen. Die Quarkfülle mit Rosinen, die Mohn- und Pflaumenmusfülle mit abgezogenen Mandelhälften in verschiedenen Mustern verzieren.
Die Ränder mit verquirltem Ei bestreichen.
In vorgeheiztem Ofen etwa 40 Minuten backen.
Abkühlen lassen und in Achtel schneiden.

Große Domažlicer Kolatschen

Apfelstrudel

350 g Mehl, 1 Prise Salz, 1/8 l lauwarmes Wasser, 3 Tropfen Essig, 1 Ei, 20 g Schmalz, 60 g zerlassene Butter zum Bestreichen, 750 g säuerliche Äpfel, 100 g Semmelbrösel, 30 g Butter, 60 g Zucker, Zimt, 1 EL Rum, 30 g Rosinen, 20 g geraspelte Mandeln, geriebene Zitronenschale

Mehl auf ein Holzbrett sieben, in die Mitte eine Mulde machen. In lauwarmem Wasser Ei, Salz, zerlassenes Schmalz und Essig verquirlen. Die Flüssigkeit langsam in das Mehl gießen, das mit einem Messer zu einem dünnen Teig vermischt wird. Das restliche Mehl mit den Händen einkneten. Eine Kugel formen, unter einer angewärmten Schüssel 1 Stunde ruhen lassen.
Teig in zwei Stücke teilen, auf einem bemehlten Tuch dünn ausrollen. Dann über beiden Handrücken papierdünn ausziehen, wieder auf das Tuch legen. Dicke Ränder abschneiden.
Die Teigplatte mit zerlassener Butter bestreichen, dünne Apfelscheiben verteilen. Mit gerösteten Semmelbröseln, Rosinen, Zucker, Zimt, Mandeln und Zitronenschale bestreuen. Mit Rum beträufeln.
Den Strudel mit Hilfe des Tuches aufrollen, auf das gefettete Blech legen und mit zerlassener Butter bestreichen.
Im Ofen 40 Minuten backen. Sobald der Strudel Farbe annimmt, öfters mit Butter bestreichen.

Kirschstrudel

250 g Mehl, 1 Prise Salz, 1 Ei, 1 EL Öl, 1/8 l lauwarmes Wasser, 150 g Semmelbrösel, 100 g flüssige Butter, 1 kg Kirschen

Mehl, Salz, Ei, Öl und Wasser gründlich zu einem glatten Teig kneten.
In einer Plastiktüte 1/2 Stunde ruhen lassen.
Semmelbrösel in der Hälfte der Butter anrösten.
Den Teig auf bemehlter Arbeitsfläche so groß wie möglich ausrollen. Dann papierdünn ziehen, auf ein großes Tuch legen. Mit der übrigen Butter bestreichen.
Semmelbrösel aufstreuen und Kirschen darüber verteilen.
Durch Heben des Tuches den Strudel zusammenrollen und auf das gefettete Blech legen. Mit Butter bestreichen.
Im Ofen 40 Minuten backen. Mit Puderzucker bestäuben.

Apfeltorte ohne Mehl

6 Eier, 250 g Zucker, 75 g Grieß, 1 EL Kakao, 250 g geraspelte Äpfel, 120 g geriebene Haselnüsse, Fett für die Form, Aprikosenmarmelade, 200 g Blockschokolade, einige Haselnußkerne

Eier trennen. Eigelb mit der Hälfte des Zuckers schaumig rühren.
Grieß, Kakao, die Äpfel und Nüsse unterheben. Eiweiß sehr steif schlagen, nach und nach die andere Hälfte Zucker dazugeben. Den Teig vorsichtig unter die Eiweißmasse heben.
Springform einfetten. Den Kuchen 50 Minuten backen. Gebackene Torte auf ein Kuchengitter geben. Die Aprikosenmarmelade mit etwas Wasser glattrühren und die heiße Torte damit bestreichen. Auskühlen lassen. Die Schokolade schmelzen und die Torte damit überziehen. Mit Haselnußkernen garnieren.

Umgedrehte Johannisbeertorte

250 g Butter, 175 g Zucker, 1 Prise Salz, 4 Eier, abgeriebene Schale einer Zitrone, 200 g Mehl, 2 TL Backpulver, 750 g rote Johannisbeeren, 150 g Johannisbeergelee

Weiche Butter, Salz und Zucker schaumig rühren. Nach und nach die Eier unterrühren. Zitronenschale und Mehl mit Backpulver vermischt zufügen.
Alles zu einem glatten Teig verrühren.
Johannisbeeren von den Stielen abstreifen.
Auf einen Springformboden ein großes Stück Alufolie legen, den Formrand darum schließen und die überstehende Folie fest andrücken.
So kann später kein Saft aus der Form herauslaufen.
Form und Folie innen dick mit Butter bestreichen.
Die Johannisbeeren in die Form schütten und glatt verteilen.
Den Rührteig daraufgeben und glattstreichen.
Im vorgeheizten Backofen 1 Stunde backen.
Die Torte mit einem Messer am Rand lösen, Rand abnehmen und den Kuchen auf ein Küchengitter stürzen.
Johannisbeergelee erwärmen und dünn auf den Johannisbeeren verteilen.
Mit Schlagsahne servieren.

Schokoladentorte

100 g Rosinen, 2 Gläschen Rum, 100 g Vollmilchschokolade, 100 g Zartbitterschokolade, 125 g Schlagsahne, 100 g Butter, 6 Eier, 100 g Zucker, 200 g gemahlene Mandeln, 200 g Zwiebackbrösel, Zimt, Fett für die Form, 100 g Schokoladenfettglasur, einige Pralinen

Rosinen im Rum einweichen. Schokolade zerbröckeln mit der Sahne im Wasserbad unter Rühren auflösen, Butter zufügen, glattrühren. 10 Minuten abkühlen lassen.

Die Eier trennen. Eigelb, Zucker, Mandeln, Zwiebackbrösel, Zimt und abgetropfte Rosinen zur Schokomasse geben. Eiweiß zu Schnee schlagen, darunterziehen. Teig in gefettete Form füllen, 60 Minuten backen. Ausgekühlte Torte mit Schokoladenglasur überziehen, mit Pralinen garnieren.

Heidelbeertorte

Für den Teig: 125 g Butter, Zitronenschale von 1/2 Zitrone, 125 g Zucker, 2 Eier, 250 g Mehl, 1 TL Backpulver, 1 TL Rum

Belag: 500 g Heidelbeeren

Für den Guß: 1/4 l Milch, 1 Prise Salz, 1 EL Butter, 2 EL Zucker, 20 g Grieß, 2 Eier, Zitronenschale von 1/2 Zitrone, 100 g gemahlene Mandeln

Die Zutaten für den Teig, bis auf Rum, zu einem Rührteig verarbeiten. Rum unterrühren und den Teig in eine gefettete Springform füllen. Im vorgeheizten Backofen 30 Minuten backen.

Milch, Salz, Butter und Zucker zum Kochen bringen. Den Grieß unter Rühren einstreuen und ausquellen lassen.

Eier trennen. Eigelb und Zitronenschale verrühren und mit den Mandeln unter den Grießbrei heben.

Eiweiß steif schlagen und darunterheben.

Heidelbeeren auf den vorgebackenen Teigboden geben, die Grießmasse darüber verteilen.

Den Kuchen in 30 Minuten fertigbacken. Mit Puderzucker bestäuben.

Schokoladentorte

Aprikosentorte

Für den Teig: 125 g Butter, abgeriebene Schale von 1 Zitrone, 175 g Zucker, 3 Eier, 225 g Mehl, 1 Messerspitze Backpulver, 1 EL Rum

Belag: 200 g Quark (20 % Fett), abgeriebene Schale von 1 Zitrone, 100 g Zucker, 100 g gemahlene Mandeln, 400 g Aprikosen

Streusel: 100 g Mehl, 60 g Butter, 80 g Zucker, 1 Messerspitze Zimt

Alle Zutaten bis auf Rum verrühren, zuletzt Rum untermischen. Alles in eine gefettete Springform geben und glattstreichen. Im vorgeheizten Backofen 20 Minuten backen.
Für den Belag Eier trennen. Quark, Eigelb, Zitronenschale, Zucker und Mandeln verrühren. Aprikosen überbrühen,

enthäuten, entsteinen und in kleine Stücke schneiden. Eiweiß steif schlagen. Beides unter den Quark heben.
Für die Streusel alle Zutaten vermengen.
Auf den vorgebackenen Tortenboden zuerst die Aprikosenmasse streichen, danach die Streusel darüberstreuen. Die Torte in 40 Minuten fertigbacken.

Haselnußtorte

8 Eier (getrennt), 200 g Zucker, abgeriebene Schale von 1/2 Zitrone, 2 EL Zitronensaft, 250 g gemahlene Haselnüsse, 2 EL Mehl, 20 g Butter, 1/2 l Schlagsahne, 2 Päckchen Vanillezucker, geröstete Mandelblättchen

Eigelb mit Zucker schaumig rühren, Zitronenschale, Zitronensaft, Nüsse und Mehl darunterrühren.
Eiweiß sehr steif schlagen, darunterziehen. Den Teig in eine gefettete Springform füllen, etwa 60 Minuten backen. Den Tortenboden erkalten lassen, waagerecht halbieren.
Schlagsahne mit Vanillezucker steif schlagen, die Hälfte auf den unteren Boden streichen. Oberen Boden daraufsetzen, die Torte mit restlicher Sahne bestreichen. Mit Mandelblättchen garnieren.

Rumbombe

4 Eier, 100 g Zucker, 80 g Mehl, 40 g Speisestärke, 3 EL Kakao, 1 TL Backpulver, 5 EL Rum, 1 Becher Schlagsahne (250 g), 200 g dunkle Kuvertüre

Eiweiß mit vier Eßlöffel kaltem Wasser steifschlagen. 80 g Zucker unter Rühren einrieseln lassen.
Eigelb unterziehen, dabei das Handrührgerät auf niedrigste Stufe schalten. Mehl, Speisestärke, 2 EL Kakao und Backpulver darübersieben und mit einem Schneebesen unterheben.
Den Teig sofort in eine gefettete runde Porzellanschüssel (Durchmesser 16 cm) füllen.
Im Backofen 40–50 Minuten backen. Den Kuchen aus der Form stürzen und waagerecht zweimal durchschneiden. Die Teigböden mit 4 EL Rum beträufeln.
Für die Füllung die Schlagsahne mit restlichem Zucker steifschlagen. Restlichen Rum und Kakao unterrühren.

Die Hälfte der Sahne auf den Boden der Torte verteilen. Die zweite Scheibe daraufsetzen und mit der restlichen Sahne bestreichen. Mit der letzten Scheibe abdecken.
Kuvertüre im Wasserbad schmelzen, die Torte damit gleichmäßig überziehen. Trocknen lassen.

Rumtopf- Biskuitrolle

4 Eier, 170 g Zucker, 1 TL abgeriebene Zitronenschale, 150 g Mehl, 1 TL Backpulver, 1 EL Kakao, 1–2 Tassen abgetropfte Rumtopffrüchte, 1/2 l Schlagsahne, 2 EL Rumtopfflüssigkeit

Eier mit vier Eßlöffel warmem Wasser schaumig rühren. 150 g Zucker und Zitronenschale dazugeben, so lange rühren, bis die Masse cremig–weiß geworden ist. Mehl mit Backpulver und Kakao zusammensieben, nach und nach unter die Eiermasse rühren.
Backblech mit Backpapier auslegen, Teig daraufstreichen. Bei 200 Grad 10 Minuten backen. Die Teigplatte auf ein mit Zucker bestreutes Tuch stürzen, mit einem feuchten Tuch bedecken, erkalten lassen. Backpapier abziehen.
Rumtopffrüchte kleinschneiden. Sahne mit restlichen Zucker steif schlagen, 3/4 davon mit Rumtopffrüchten und –flüssigkeit mischen. Auf die Teigplatte streichen. Die Platte mit Hilfe des Tuches aufrollen.
Mit restlicher Sahne und Rumtopffrüchten garnieren.

Karlsbader Torte

250 g weiche Butter, 250 g Zucker, 250 g Zartbitterschokolade, 4 Eiweiß, 100 g gemahlene Haselnüsse, 1 Vanillezucker, 6 große Karlsbader Oblaten, 150 g Puderzucker

Die Butter mit der Hälfte des Zuckers schaumig rühren.
150 g Schokolade zerbrechen und im Wasserbad schmelzen lassen.
Eiweiß steif schlagen, dabei den restlichen Zucker einrieseln lassen. Löffelweise die schaumig gerührte Butter in die geschmolzene, lauwarme Schokolade rühren. Die Haselnüsse und den Vanillezucker unterziehen. Den Eischnee unterheben.
1 Oblate auf eine Tortenplatte legen, mit Schokoladen–Butter–

Creme bestreichen und mit 1 weiteren Oblate bedecken. So fortfahren, bis die Creme und alle Oblaten verbraucht sind. Die oberste Oblate wird auch mit Creme bestrichen.
Die restliche Schokolade im Wasserbad schmelzen lassen, den Puderzucker und 2–3 EL lauwarmes Wasser zufügen und alles zu einer glatten Masse rühren. Die Oberfläche und die Seiten der Torte damit glasieren. Die Torte vor dem Servieren einige Stunden kühl stellen.

Punschschnitten

Für den Teig: 4 Eier, 125 g Zucker, 1 Vanillezucker, 125 g Mehl, 1 TL Backpulver

Für die Füllung: 225 g geriebener Zwieback, 100 g geröstete gemahlene Haselnüsse, 100 g gemahlene Mandeln, 0,1 l Kirschlikör, 0,1 l Weißwein, 0,1 l Rum, 3 TL Kakao, 100 g Zucker, 2 EL Zitronensaft, 1/2 Glas Johannisbeergelee

Zum Bestreichen: 1/2 Glas Johannisbeergelee

Zum Verzieren: 250 g Puderzucker, 2–3 EL Zitronensaft, kandierte Kirschen

Punschschnitten

Eier schaumig rühren, Zucker sowie Vanillezucker zugeben. Mehl, mit Backpulver gemischt, unterheben.
Teig dick auf ein mit Backpapier ausgelegtes Blech streichen (30 mal 40 cm) 12 Minuten backen.
Gebackenen Teig auf Kuchengitter stürzen, zu 2 dünnen Platten halbieren, das Papier abziehen.
Für die Füllung alle Zutaten mischen. Beide Teigplatten mit Gelee bestreichen. Füllung auf eine davon streichen, die andere darüberklappen und leicht andrücken.
Puderzucker und Zitronensaft glattrühren, den Kuchen damit glasieren. Mit kandierten Kirschen verzieren, in Schnitten schneiden.

Walnußtorte

Für den Teig: 5 Eier, 100 g Puderzucker, 1/2 Vanilleschote, 250 g gemahlene Walnußkerne, 2 EL Biskuitbrösel

Für die Creme: 1/2 l Milch, 1 Päckchen Vanillepudding, 3 EL Zucker, 250 g weiche Butter, 100 g Puderzucker, 2 Eigelb, 100 g grobgehackte Walnußkerne

Für die Form Butter und Mehl.

Die Eier trennen. Eigelb mit Zucker und dem Mark der Vanilleschote cremig rühren. Eiweiß steif schlagen. Den Eischnee unterheben. Löffelweise die Walnüsse und die Biskuitbrösel unterziehen, den Teig in eine gefettete, mit Mehl bestreute Springform füllen. Im vorgeheizten Ofen 30–35 Minuten backen.
Aus der Milch, Puddingpulver und Zucker eine Creme kochen, abkühlen lassen.
Die Butter mit Puderzucker schaumig rühren, Eigelb einzeln unterrühren. Die Puddingcreme löffelweise unter die Buttercreme mischen. Den Tortenboden zweimal durchschneiden, alle Böden mit der Creme bestreichen, aufeinandersetzen. Die Torte mit Creme bestreichen, mit Nüssen bestreuen.

Linzer Torte

280 g Mehl, 240 g weiche Butter, 200 g Puderzucker, 100 g geschälte gemahlene Mandeln, 2 Eier, 2 Eigelb, 1 TL Backpul-

ver, geriebene Schale von 1/4 Zitrone, Vanillezucker, 1 Ei zum Bestreichen, 120 g Himbeergelee

Mehl, Butter, Zucker, Mandeln, Zitronenschale, Vanillezukker, Eier, Eigelb und Backpulver erst mit den Knethaken des Handrührers, dann mit den Händen verkneten. Den Teig in Folie verpackt 3 Stunden kalt stellen. Zwei Drittel des Teiges zwischen Klarsichtfolie ausrollen. Den Boden einer gefetteten Springform damit auslegen, dabei einen etwa 2 cm hohen Rand formen.

Den Boden mit Himbeergelee bestreichen. Restlichen Teig mit etwas Mehl verkneten und zwischen Klarsichtfolie etwa 5 mm dick ausrollen. In 2 cm breite Streifen schneiden. Die Teigstreifen als Gittermuster auf die Torte legen. Die Teigstreifen mit verquirltem Ei bestreichen. Im Backofen 25–30 Minuten backen.

Rhabarberkuchen

1 kg Rhabarber, 250 g Butter, 250 g Zucker, 1 Vanillezucker, 1 Prise Salz, 4 Eier, 300 g Mehl, 100 g Speisestärke, 1 Backpulver, abgeriebene Schale 1 Zitrone, 100 g gemahlene Mandeln

Rhabarber putzen, in etwa 2 cm große Stücke schneiden. Butter, Zucker und Vanillezucker mit Salz schaumig rühren. Nach und nach die Eier unterrühren. Mehl, Speisestärke und Backpulver darübersieben. Zitronenschale und Mandeln zufügen. Zum Schluß Rhabarberstücke unterheben.

Den Teig in eine gefettete Fettpfanne geben und glatt streichen. Im vorgeheizten Backofen 50 Minuten backen.

Einmeterkuchen

Für den Teig: 4 Eier, 250 g Zucker, 260 g Mehl, 10 EL Öl, 8 EL warmes Wasser, 1/2 Päckchen Backpulver, 1 TL Kakao, Butter für die Form und Mehl zum Bestreuer

Für die Creme: 250 g Butter, 1/2 l Milch, 1 Päckchen Vanillepudding, 1 Vanillezucker, 100 g Puderzucker, 2 EL Rum

Schokoladenglasur und gehackte Mandeln zum Garnieren
Für den Teig Eigelb mit Zucker schaumig rühren. Öl, Wasser

und Mehl mit Backpulver nach und nach unterrühren. Eiweiß steif schlagen, unter den Teig heben.
Den Teig in zwei gleiche Portionen teilen. In eine Hälfte Kakao unterrühren, die zweite Hälfte hell lassen.
Zwei Rehrückenformen mit Butter ausstreichen, mit Mehl bestäuben.
In eine Form den dunklen Teig in die zweite den hellen Teig geben. Am Vortag backen, abkühlen lassen, dann in Alufolie wickeln. Am nächsten Tag die Creme zubereiten.
Aus Milch, Vanillezucker und Puddingpulver Creme kochen. Abkühlen lassen. Weiche Butter mit Zucker schaumig rühren. Nach und nach die Puddingcreme unterrühren. Mit Rum abschmecken.
Beide Kuchen in dünne Schnitten schneiden. Abwechselnd eine helle und eine dunkle Schnitte mit der Creme bestreichen, zusammendrücken und so fortfahren, bis alle Scheiben aufgebraucht sind. Die Länge des Kuchens beträgt ca. ein Meter.
Den ganzen Kuchen mit dem Rest der Creme bestreichen. Mit Schokoladenglasur überziehen, mit Mandeln garnieren. Den Kuchen einige Zeit kalt stellen. Dann mit einem scharfen Messer schräg in dicke Scheiben schneiden.

Vanillekipferl

150 g Mehl, 20 g Zucker, 50 g geschälte gemahlene Mandeln, 1 Vanillezucker, 1 TL abgeriebene Zitronenschale, 110 g weiche Butter, 1 Eigelb 50 g Puderzucker, 2 Vanillezucker

Mehl, Zucker, Mandeln, Vanillezucker, Zitronenschale, Butter und Eigelb zu einem Teig verarbeiten. Eine Stunde kalt stellen. Dann in dünne Rolle formen, in gleichgroße Stückchen schneiden. Jedes Stückchen zu einem kleinen Kipferl formen, auf ein gefettetes Blech legen und im Backofen backen.
Puderzucker und Vanillezucker mischen. Die noch warmen Kipferl darin wälzen, abkühlen lassen.

Bärentatzen

350 g Mehl, 200 g ungeschälte gemahlene Mandeln, 250 g weiche Butter, 250 g Zucker, abgeriebene Schale von 1/2 Zitrone, je 1 Prise Zimt und gemahlene Nelken, 1 Ei, 30 g Kakao

Weihnachtsgebäck >

Mehl, Zucker, Mandeln, Butter, Zitronenschale, Zimt, Nelken, Kakao und Ei zu einem Teig verarbeiten.
Bärentatzen–Formen gründlich fetten und mit Mehl ausstreuen. Den Teig in die Formen füllen, 20 Minuten backen. Bärentatzen aus den Förmchen lösen, abkühlen lassen.

Mause–Eckerl

75 g Butter, 1 EL Schlagsahne, 150 g Mehl, 1 Messerspitze Backpulver, 2 Eiweiß, 120 g Puderzucker, 80 g geschälte gemahlene Mandeln

Weiche Butter, Schlagsahne, Mehl und Backpulver zu einem Teig verkneten. Den Teig in Folie verpackt 1 Stunde kalt stellen.
Den Mürbeteig auf wenig Mehl etwa 3 mm dick ausrollen und in Dreiecke (Länge 6 cm) schneiden. Auf ein gefettetes Blech legen, 8 Minuten vorbacken.
Inzwischen für die Makronenmasse Eiweiß steif schlagen. Puderzucker und Mandeln unterheben. Die Makronenmasse mit einem Teelöffel gleichmäßig auf die Dreiecke streichen. 10 Minuten weiterbacken. Abkühlen lassen.

Linzer Ringe

250 g weiche Butter, 120 g Zucker, 1 TL abgeriebene Zitronenschale, 1 Vanillezucker, 4 Eigelb, 350 g Mehl, 150 g Himbeer– oder Johannisbeergelee, 50 g Puderzucker, 2 Vanillezucker

Mehl aufs Holzbrett sieben, in die Mitte eine Mulde drücken. Zucker, Zitronenschale, Vanillezucker und Eigelb hineingeben. Butter in Flöckchen auf dem Mehl verteilen. Alles rasch zu einem Mürbeteig verkneten. Zur Kugel formen, 2 Stunden kalt stellen.
Portionsweise auf bemehlter Fläche 3 mm dick ausrollen. Je zur Hälfte runde Plätzchen und Ringe ausstechen. Auf ein Blech ohne Fett legen, 10–15 Minuten backen.
Puderzucker mit Vanillezucker mischen. Ringe mit dem Zucker bestreuen. Gelee auf die noch warmen Plätzchen streichen, Ringe daraufsetzen. In die Ringe noch etwas Gelee füllen.

Orangenstäbchen

125 g Butter, 100 g Puderzucker, 100 g Marzipanrohmasse, 1 Ei, 1 unbehandelte Orange, 150 g Mehl, 100 g Speisestärke, 100 g Orangenmarmelade, 100 g Kakaoglasur

Weiche Butter, Zucker, zerbröckelte Marzipanmasse, Ei und abgeriebene Orangenschale verrühren. Mehl und Speisestärke unterrühren. Den Teig in einen Spritzbeutel mit mittlerer Sterntülle füllen. 5 cm lange Streifen auf gefettete Backbleche spritzen, 10 Minuten backen. Abkühlen lassen. Jeweils zwei Streifen mit Marmelade zusammensetzen. Kakaoglasur im Wasserbad schmelzen. Orangenstäbchen mit einem Ende eintauchen und trocknen lassen.

Rumkugeln

100 g Butter, 1 Ei, 100 g Puderzucker, 50 g gehackte Mandeln, 50 g gehackte Haselnüsse, 150 g Biskuitkrümmel, 50 g Rumrosinen, 1 TL Rum, 50 g gemahlene Mandeln, in Rum eingelegte Kirschen

Weiche Butter mit Ei und Zucker schaumig rühren. Mandeln, Haselnüsse, Rumrosinen und Biskuitkrümmel untermischen, mit Rum abschmecken. Kleine Plätzchen formen, jeweils eine Kirsche in die Mitte legen und kleine Kugeln formen. Diese in den gemahlenen Mandeln wälzen.

Großmutters Törtchen

Für den Teig: 210 g Mehl, 140 g Butter, 70 g Puderzucker, 1 Vanillezucker, Schale von 1/2 Zitrone, 140 g geschälte gemahlene Mandeln, 20 g Kakao

Für die Creme: 3 Eigelb, 100 g Puderzucker, 1 Vanillezucker, 2 EL Johannisbeer– oder Himbeergelee, 150 g geröstete gemahlene Haselnüsse, 1 EL Rum, etwas Biskuitkrümmel
Kakaoglasur
Mehl, Kakao, Zucker, Zitronenschale und Mandeln vermischen. Dann weiche Butter zugeben, mit den Händen rasch zu einem Teig verkneten. Eine Stunde kaltstellen.

Den Teig dünn ausrollen, kleine Plätzchen ausstechen, backen.
Für die Creme Eigelb und Zucker schaumig rühren. Gelee, Rum und Haselnüsse zugeben. Nach Bedarf mit Biskuitkrümmeln eindicken.
Eine Hälfte des Plätzchens mit Kakaoglasur verzieren, die zweite Hälfte mit der Creme bestreichen. Wenn die Glasur fest ist, zusammendrücken.

EIN WORT ZUM SCHLUSS

Jetzt bleibt uns nur noch die liebe Pflicht, all denen, die an der Vorbereitung dieses Koch- oder Rezeptbuchs mit Hand angelegt haben, unseren Dank zu sagen.

Das sind vor allem die Brüder Töpfer und ihre Mitarbeiter im
Restaurant U Kalicha in Prag 2, Na bojišti 12-14, tel. 29 07 01, 29 19 45,
die in ihrem Betrieb die warmen Gerichte hergestellt und für den Fotografen arrangiert haben. Ferner die freundlichen Mitarbeiter
der Konditorei Chicago in Prag 1, Charvátova 11, tel. 22 23 79,
die all die süßen Sachen hergezaubert haben und last not least alle fleißigen Händer aus der
Delikatessenhandlung Trčka, tel. 21 98 632
Weinstube Bělský, tel. 21 98 633
im gemeinsamen Betrieb Zlatý kříž in Prag 1,
Jungmannovo náměstí 19,
die mit ihren kalten Platten den Bildteil unseres Buchs bereichert haben.

Nebenbei gesagt: Wenn Sie das nächstemal in Prag vorbeischauen, sollten Sie sich ein wenig verwöhnen und sich dort ein Abendessen oder wenigstens einen Imbiß gönnen. Ihr Gaumen wirds Ihnen nicht so schnell vergessen.
Und wenn Sie schon im Zlatý kříž, zu Deutsch dem Goldenen Kreuz sind, dann machen Sie doch ganz einfach noch die zehn Schritte über die Straße zu unserer.
Verlagsbuchhandlung Jiří Daniel, Národní 38, Prag 1

Sie sind uns immer willkommen.

Die Autorin und ihr Verleger

Hana Gajdoštíková
TSCHECHISCHE KÜCHE

Foto: Viktor Kronbauer
Grafische Gestaltung: Karel Aubrecht
Fotosatz: Aspera s. r. o.
Druckerei: GP Velký Šenov
Herausgeben: DANIEL Verlag, Národní tř. 38,
Praha 1, tel. 22 72 56
1. Ausgabe, 1992
Auflage 20 000 Exemplare

194 – 001 – 92